Selbstverpflichtung zum nachhaltigen Publizieren

Nicht nur publizistisch, sondern auch als Unternehmen setzt sich der oekom verlag konsequent für Nachhaltigkeit ein. Bei Ausstattung und Produktion der Publikationen orientieren wir uns an höchsten ökologischen Kriterien. Dieses Buch wurde auf 100 Prozent Recyclingpapier, zertifiziert mit dem FSC*-Siegel und dem Blauen Engel (RAL-UZ 14), gedruckt. Auch für den Karton des Umschlags wurde ein Papier aus 100 Prozent Recyclingmaterial, das FSC*-ausgezeichnet ist, gewählt. Alle durch diese Publikation verursachten CO_2-Emissionen werden durch Investitionen in ein Gold-Standard-Projekt kompensiert. Die Mehrkosten hierfür trägt der Verlag. Mehr Informationen finden Sie hinten im Buch und unter: http://www.oekom.de/allgemeine-verlagsinformationen/nachhaltiger-verlag.html.

Bibliografische Information der Deutschen Nationalbibliothek:
Die Deutsche Nationalbibliothek verzeichnet diese Publikation
in der Deutschen Nationalbibliografie; detaillierte bibliografische
Daten sind im Internet über http://dnb.d-nb.de abrufbar.

© 2019 oekom verlag München
Gesellschaft für ökologische Kommunikation mbH
Waltherstraße 29, 80337 München

Korrektorat: Petra Kienle, Fürstenfeldbruck

Umschlaggestaltung: Elisabeth Fürnstein, oekom verlag; Paul Vogt
Umschlagabbildung: © Paul Vogt

Satz: Markus Miller, München
Druck: BoschDruck Solutions GmbH, Ergolding

Markus Vogt

Ethik des Wissens

*Freiheit und Verantwortung der Wissenschaft
in Zeiten des Klimawandels*

Inhalt

Vorwort

Im Mittelpunkt des folgenden Beitrags steht die Suche nach einer Neujustierung des Verhältnisses von Wissenschaft und Gesellschaft, wie sie insbesondere durch die Erfahrung der mangelnden Handlungskonsequenz des Wissens im Kontext des Klimawandels ausgelöst wurde. Die Leitthese besteht darin, dass die Diskrepanz zwischen Wissen und Handeln auch mit einem tieferliegenden Defizit des gegenwärtigen Selbstverständnisses und der Organisationsform von Wissenschaft zu tun hat, nämlich einem verkürzten Verständnis von Rationalität, das in der Folge zu einer Marginalisierung ethischer Fragen führt. Ohne eine solche wissenschafts- und normtheoretische Reflexion bleiben die Kontroversen um »Transformative Wissenschaft« und »Scientists4Future« an der Oberfläche. Es gilt, in neuer Weise theoretisch und praktisch auszuloten, ob und wie Hochschulen unter veränderten Kommunikationsbedingungen aktiv für eine nachhaltige Gesellschaft wirksam werden können.

In einigen Aspekten knüpfe ich an die beiden programmatischen Vorträge »Wissenschaft als Beruf« (Weber 1919/2017) und »Politik als Beruf« (Weber 1919/1993) an, die Max Weber vor genau 100 Jahren an der LMU in München hielt bzw. publizierte. Diese scheinen mir wegweisend im Blick auf das Konzept der Verantwortungsethik sowie die Bestimmung des Verhältnisses von Politik und Wissenschaft, zugleich jedoch einer kritischen Weiterentwicklung bedürftig. Dabei soll zum einen die »soziale

Grammatik« der Verantwortung im Spannungsfeld zwischen Akteur, Gegenstand und Kontrollinstanz sowie dem Umgang mit hochkomplexen Risiken in den Blick genommen werden, zum anderen das Verständnis von Rationalität und damit verbunden die aktuelle Debatte um das Verhältnis von Wissenschaft und Gesellschaft in Zeiten des Klimawandels sowie der »postfaktischen« Schwäche des Vertrauens in Vernunft und Demokratie. Es braucht »Epistemologien des Wandels« (Vogt 2018a, 11–28), um die Umbruchprozesse der Gegenwart zu verstehen und Transformationskompetenz zu vermitteln. Ziel ist dabei eine Ethik des Wissens, die Forschung und Gestaltungskompetenz sowie Freiheit und Verantwortung stärker als Einheit begreift und von dorther die universitären Diskursräume neu auslotet. Eine Ethik des Wissens versteht die Hochschulen als zentrale Instanzen der Widerständigkeit gegen das Verspielen von Zukunftschancen.

Die Überlegungen hierzu sind in vier Teile gegliedert: (1) Wissenschaft zwischen Beobachter- und Akteursrolle; (2) Die soziale Grammatik der Verantwortung; (3) Die Krise der Klugen; (4) Exzellenz der Verantwortung.

1

Wissenschaft zwischen Beobachter- und Akteursrolle

Die Zeit drängt

Die gegenwärtige Lage ist durch eine Diskrepanz zwischen Wissen und Handeln geprägt: Nach den Analysen der Erdsystemforschung können wir wissen, dass sich das »Fenster der Gelegenheit« für einen proaktiven Umwelt- und Klimaschutz, der es ermöglicht, innerhalb der »planetaren Grenzen« (Rockström et al. 2009) des *safe and just space* für die menschliche Zivilisationsentwicklung zu bleiben, sehr bald schließen wird (vgl. Latour 2017; Raftery et al. 2017; Maxton 2018; Weizsäcker, Wijkman 2018; Leopoldina 2019, 6). Theoretisch hätten wir durchaus die technischen Möglichkeiten für den notwendigen Kurswechsel. Mit den *Sustainable Development Goals*, die die UNO 2015 beschlossen hat, liegt dafür auch ein umfassender »Fahrplan« auf höchster Ebene vor. Aber die Handlungsspielräume für langfristige Verantwortung sind aufgrund der Veränderung der gesellschaftlichen Stimmungslage in Europa und weltweit eng geworden. Es fehlt am gesellschaftlichen Willen und an verbindlichen Rahmenbedingungen, um den Wettbewerbsdruck in Richtung ökologischer und sozialer Weitsicht umzulenken. Es ist aber auch eine sozialwissenschaftlich höchst anspruchsvolle Herausforderung, die drei **großen Transforma-tionsprozesse der Gegenwart**, nämlich Globalisierung, Digi-talisierung und »Sustainablisierung« (Renn 2019, 44–46) mit ihren vielfältigen Antagonismen und Konflikten gerecht und zukunftsfähig zu gestalten.

Ökologisch und soziokulturell sind Teile der Weltgesellschaft bereits im Wirkungsraum der *tipping points*. Wir müssen uns darauf vorbereiten, mit Kollapsphänomenen und disruptiven Wandlungsprozessen zurechtzukommen (vgl. Bardi 2017; Max-ton 2018, 21–60; WBGU 2019, 2). Das Entwicklungsmodell der zweiten Hälfte des 20. Jahrhunderts ist gescheitert (vgl. Sachs 2018). Die Schattenseiten des hohen Wohlstands in Staaten wie Deutschland oder Österreich lassen sich nicht länger verdrängen: Ca. zwei Drittel davon beruhen auf Naturverbrauch in anderen Ländern, vornehmlich im Globalen Süden. Der Ressourcenver-brauch der »Externalisierungsgesellschaft« (Lessenich 2016) hat Züge eines ökologischen »Neokolonialismus« (Brand, Wissen 2017). Es klafft ein Graben zwischen Wissen und Verantwortung.

Am dramatischsten fasst die Geologie die Situationsdiagnose zusammen mit der These, dass wir uns in einer neuen Epoche der Erdgeschichte befinden: dem **Anthropozän**. Demnach ist der relativ stabile ökologische Systemzustand des Holozäns, in dem sich der *homo sapiens* in den letzten 11.500 Jahren entwi-ckelt hat, an sein Ende gekommen (vgl. Gerten, Schellnhuber 2016, 11). Wie die neue Dynamik des Erdsystems aussehen wird, wissen wir nicht. Wir wissen lediglich, dass wir am Übergang in andere Muster der Energie- und Stoffströme auf der Erde stehen, durch die sich die menschlichen Lebensräume auf dem Planeten Erde gravierend verändern. Die gegenwärtige Lage ist mit hohen Risiken verbunden. Zugleich ergibt sich hier gerade für die Wissenschaft ein tiefgreifendes Dilemma: Wir leben in einer Wissensgesellschaft, die zur Lösung der von ihr erzeugten Probleme auf innovative Forschung angewiesen ist, deren Risiken und Nebenwirkungen prinzipiell nur höchst unvollständig *ex ante* berechenbar sind (vgl. Renn 2014; Vogt 2018b).

Die Entfaltung der wissenschaftlich-technischen Potenziale von Problemlösungen ist auf ein hohes Maß an Vertrauen in eine offene Zukunft und in das komplexe Zusammenspiel eigenverantwortlicher Akteure angewiesen. Sie ist abhängig von einem grundlegenden Vertrauen in Freiheit und Vernunft. Genau an diesem fehlt es jedoch zunehmend in Zeiten disruptiver Veränderung, massiver Externalisierung ökosozialer Kosten sowie der Verbreitung von *fake news* in der öffentlichen Kommunikation (Vogt 2018a, 29–34). Ein tiefes Misstrauen gegen Demokratie, Vernunft und Fortschrittskonzepte, mit denen Wissenschaft eng verwoben ist, breitet sich aus. Ethisch-politisch besonders prekär ist dabei das **Misstrauen gegen den ethischen Universalismus** des menschenrechtlich basierten und auf internationale Zusammenarbeit ausgerichteten politischen Liberalismus. Vor diesem Hintergrund verändern sich Rolle, Kommunikationsbedingungen und Aufgaben der Wissenschaft im politischen Diskurs. Sollen die Argumente der Wissenschaft mehr Gehör finden, muss über die Generierung von Wissen hinaus auch eine Kultur des Vertrauens in Vernunft dialogisch gefördert werden.

Trotz allen Wissens um den Klimawandel und seine negativen Folgen bleibt konsequentes Handeln weitgehend aus. »Es entsteht der Eindruck einer bleiernen Fantasielosigkeit in der Mitte der Gesellschaft, die sich daran gewöhnt hat, ihre demokratische Aufgeklärtheit in der Geste des Maßvollen und Panikfreien manifestiert zu sehen.« (Schneider 2019, 3) Man streitet lieber um Details der Klimaprognosen und glaubt an die Versprechungen eines grünen Wachstums, als sich ernsthaft mit dem absehbaren Ende des gegenwärtigen Wohlstandsmodells auseinanderzusetzen:

> Wie aber konnte es so weit kommen? Wie konnte es passieren, dass eine Zivilisation, der doch im vergangenen Jahrhundert immer nachgesagt wurde, die Metaphysik zugunsten der Naturwissenschaften und dem von ihnen beförderten technischen Fortschritt zu vernachlässigen, im entscheidenden Moment nicht an wissenschaftliche Ergebnisse glaubt? Und stattdessen die von ihnen wiederum wissenschaftlich dokumentierte Unschärfe überbetont? So bleibt am Ende ja nur hängen, dass sich die Zukunft eben nicht detailgenau vorhersagen lässt und dass sich die Phänomene der Gegenwart nur in der Wahrscheinlichkeit ihres Auftretens, nicht aber in der Intensität des Einzelereignisses kausal mit dem Klimawandel verbinden lassen. (Schneider 2019, 2)

Transformative und katalytische Wissenschaft

Weltweit sind zahlreiche WissenschaftlerInnen aktiv geworden, weil sie nicht mit ansehen können und wollen, wie die Gesellschaft wider besseres Wissen in die Klimafalle läuft. Die Initiative »Scientists4Future« hat sich seit März 2019 zu einem starken internationalen Netzwerk entwickelt, das vor allem durch die Unterstützung der Klimastreiks »Fridays for Future«, bei dem SchülerInnen inzwischen weltweit erstmals in der Geschichte so umfassend demonstrieren, gesellschaftliche Bedeutung gewonnen hat (vgl. www.scientists4future.org). Es ist auffallend, dass die transformative Kraft nicht von den WissenschaftlerInnen, sondern von den SchülerInnen ausging: Sachlich liegt diese darin begründet, dass mediale Aufmerksamkeit nicht mehr mit wissenschaftlich neuen Informationen zu erreichen ist, sondern auf der Authentizität, mit der die Jugendlichen Generationengerechtigkeit und Zukunftsverantwortung einfordern, beruht. Als politisch (und damit medial) relevant werden sie auch deshalb wahrgenommen, weil die SchülerInnen sich aktiv in den Meinungsbildungsprozess einbinden und alle Parteien hoffen, junge künftige WählerInnen zu gewinnen.

Auf **hochschulpolitisch**er Ebene gibt es verschiedene Initiativen zur Institutionalisierung von mehr Klimaverantwortung. So versuchen beispielsweise in Österreich UniNEtZ sowie die Klimaallianz das Potenzial der Universitäten und Hochschulen strategisch zu bündeln (vgl. Bohunovsky 2019 sowie die verschiedenen Webseiten hierzu mit aktuellen Informationen). In Deutschland gibt es ähnliche Initiativen, z. B. HochN, ein vom Bundeswissenschaftsministerium gefördertes Projekt für Nachhaltige Hochschulentwicklung in den Bereichen Forschung, Lehre, Campusmanagement, Hochschul-Governance, Nachhaltigkeitsberichterstattung und Wissenstransfer bzw. Gesellschaftsdialog. Beteiligt sind bisher elf Universitäten und Hochschulen sowie ein rasch wachsendes Netzwerk, dem derzeit (Juli 2019) AkteurInnen von weit über hundert Hochschulen angehören (vgl. www.hochn.uni-hamburg.de/5-mitmachen.html). Bereits 2012 hat sich ein Netzwerk Hochschule und Nachhaltigkeit in Bayern gebildet, das sich zwei Mal jährlich trifft und mehrfach mit österreichischen Universitäten zusammengearbeitet hat (vgl. www.nachhaltigehochschule.de). Darüber hinaus wurde 2017 die Wissenschaftsplattform Nachhaltigkeit 2030 gegründet, bei der WissenschaftlerInnen und VertreterInnen der Ministerien sowie wichtiger Gesellschaftsgruppen zusammenarbeiten, um die deutsche Nachhaltigkeitsstrategie zu begleiten und voranzubringen (vgl. www.iass-potsdam.de/de/forschung/wissenschaftsplattform-nachhaltigkeit-2030).

Nach meiner Beobachtung sind jedoch all diese Initiativen bisher eher eine Randerscheinung. Es dominiert das Modell der »**Normalwissenschaft**«, die ein wesentlicher Treiber für das bekannte Modell von Entwicklung und Fortschritt ist und die darin etablierten Denkmuster an die nächste Generation weitergibt. Nüchtern betrachtet ist dies jedoch auch nicht anders zu erwarten: Die Herausforderungen sind so tiefgreifend, dass sie grundlegende Rationalitätskonzepte und Wertvorstellungen in Frage stellen. Diese zu ändern, ist ein langwieriger Prozess.

Das **Verhältnis zwischen Wissenschaft und Gesellschaft** wird derzeit neu vermessen. Es wird gefordert, Wissen und Verantwortung sowie Freiheit und Autonomie neu zusammenzudenken. Die Debatte wird unter verschiedenen Überschriften geführt, z. B. »Transdisziplinarität« (Mittelstraß 2003; Renn 2019), »Öffentlichkeitswissenschaft« (Beck 2007, 91 f.), »*citizen science*« (Finke 2014; Forschungswende 2018), »dialogisches« und »integrales Hochschulsystem« (Müller-Christ 2017, 166 f.), »*third mission*« (Institut für Hochschulforschung Halle-Wittenberg 2016), »Transformative Wissenschaft« (Grunwald 2015; Schneidewind et al. 2013; Schneidewind 2015), »Forschen in gesellschaftlicher Verantwortung« (LeNa-Leitfaden der außeruniversitären Forschungseinrichtungen), »*Sustainability in Science*« (zum vierten »SiSi-Symposium«, das im Juli 2018 an der LMU stattfand, vgl. BMBF 2018), »oppositionelle und emanzipatorische Wissenschaft« (Lagasnerie 2018) oder »katalytische Wissenschaft« (Renn 2019).

Gemeinsam ist den verschiedenen Ansätzen, dass sie für Orientierung und Konfliktbewältigung in dem vielschichtigen Spannungsfeld der gegenwärtigen Umbruchprozesse eine aktive Rolle der Wissenschaft zur transdisziplinären, dialogischen und kontextsensiblen Vermittlung einer robusten Wissensbasis für eine gerechte und zukunftsfähige Gestaltung der Gesellschaft einfordern. Aus meiner Sicht fasst das Konzept der »catalytic science« von Ortwin Renn die verschiedenen Aspekte am prägnantesten zusammen:

> In diesem Verständnis übernimmt die Wissenschaft die Rolle des Katalysators. Ihre Aufgabe besteht darin, systematisch das für eine Problemlösung notwendige Wissen aus der Wissenschaft, aber auch aus anderen Wissensquellen zu sammeln, neu zu ordnen und zum Zweck der gegenseitigen Verständigung aufzubereiten (Nanz et al. 2017, 37). Vor allem sollen Konflikte identifiziert, die dahinterliegenden Wissensannahmen, aber auch die damit verbundenen Werte, Interessen und Präferenzen offengelegt und gemeinsame Lösungsansätze entwickelt werden, die robustes Wissen, allgemein anerkannte normative Prinzipien und eine faire Aushandlung von Interessen zusammenfügen. (Renn 2019, 48)

Das Modell der »katalytischen Wissenschaft« hat weitreichende Konsequenzen für das wissenschaftliche Selbstverständnis. Es bringt die Wissenschaft in die Rolle einer Vermittlerin »zwischen konkurrierenden Wahrheitsansprüchen, Handlungsoptionen und moralischen Rechtfertigungen von Verteilungsschlüsseln für öffentliche Güter und Belastungen« (Renn 2019, 48). Die Wahrnehmung dieser Rolle setzt eine für alle Beteiligten verständliche Aufbereitung des Wissens, die die unterschiedlichen

Problemsichten und Wertvorstellungen integriert, voraus. Darüber hinaus bedarf es einer verständigungsorientierten Kommunikation, in der auch nichtwissenschaftliche Akteure mit hoher Sozialkompetenz und **robustem Prozesswissen** sowie einem wachen Blick für bestehende Machtasymmetrien und soziopolitische Kontextbedingungen eine aktive Rolle spielen (vgl. Renn 2019, 48 f.; Bohunovsky 2019, 64). Katalytische Wissenschaft zielt auf die »ko-creative« (Renn 2019, 48) Erarbeitung sachgerechter und für die Gesamtgesellschaft wertangemessener Lösungsoptionen (vgl. Bremer 2013).

Der Begriff der *catalytic science* bringt zentrale Aspekte des Konzepts der transformativen Wissenschaft auf den Punkt und präzisiert die Rolle der Wissenschaft für gesellschaftliche Transformationsprozesse, indem er diese begrenzter, aber nicht weniger anspruchsvoll als Katalysator beschreibt: WissenschaftlerInnen sollten sich dabei nicht als Motor oder ModeratorInnen verstehen, jedoch ihr **Wissen als eine unverzichtbare Aktivierungsenergie** einbringen, um Denk- und Prozessblockaden aufzulösen und wünschenswerte Transformationen in Gang zu bringen. In der (wissenschaftlichen) Öffentlichkeit hat sich jedoch der Terminus »Transformative Wissenschaft« als programmatischer Leitbegriff der Debatte etabliert (vgl. hierzu insbesondere die zahlreichen Veröffentlichungen in GAIA) – vielleicht gerade weil er so umstritten ist und dadurch konzeptionelle Debatten angeregt hat.

Die wissenschaftstheoretische
Tiefenstruktur des Konflikts

Der normative Anspruch transformativer Wissenschaft ist ein Angriff auf die **positivistische Wissenschaftstheorie.** Moraltheoretisch ist diese mit einem tiefgreifenden Dilemma verbunden: Indem das Verständnis der Vernunft positivistisch auf ihre kenntnisnehmende Funktion reduziert wird, »liefert sie sich notwendig einer der Beliebigkeit freigegebenen Moral subjektiver Entscheidungen und Zwecksetzungen aus: sie verfällt zum Mittel für Ziele, über die sie selbst letztlich nicht befindet« (Korff 1985, 33). Moral wird im Positivismus als eine Frage subjektiver, nicht weiter begründbarer Präferenzen verstanden und so aus dem Begriff von Wissenschaft ausgegrenzt (vgl. zum hochkomplexen Positivismusstreit in der philosophischen Ethik Kolakowski 1971; Horkheimer 1988; Adorno 2003; Lagasnerie 2018, 17–27). Max Weber suchte durch sein Konzept der Verantwortungsethik, wie er es 1919 in seinem Vortrag »Politik als Beruf« prägte, einen Ausweg aus diesem Dilemma, indem er Verantwortung als Methode der Folgenabwägung definierte (vgl. Weber 1919/1993).

Vieles, was **Max Weber** vor genau 100 Jahren in seinen beiden Vorträgen »Wissenschaft als Beruf« (1919/2017) und »Politik als Beruf« (1919/1993) sagte, ist nach wie vor gültig und nicht nur für die Ethik, sondern auch für das Selbstverständnis von Wissenschaft und Politik wegweisend. Dennoch stecken in seinem Modell von Verantwortungsethik sowie in der strikten

Trennung zwischen einer Wissenschaft, die Fakten feststellt und analysiert, und einer Politik, die Kompromisse zwischen unterschiedlichen Interessen, Präferenzen und Wertüberzeugungen aushandelt, eine Reihe von methodischen Problemen (vgl. Möllers 2018, 97–121). Die Reflexion über die Vernunft der Ziele und der Vorstellungen eines guten und sinnvollen Lebens wird aus dem Denkraum der Wissenschaft ausgegrenzt. Das Konzept der Einheit analytischer und normativer Vernunft, wie es die antike und mittelalterliche Tradition insbesondere unter dem Begriff der Klugheit (*phronesis* bzw. *prudentia*) fasste, wird brüchig (vgl. Kersting 2005). Max Webers Verantwortungstheorie als Konsequentialismus wird einem Kalkül der Zweckrationalität unterworfen, in dem wesentliche Dimensionen der praktischen Vernunft ausgeblendet werden (Luckner 2008).

Im Blick auf die Methoden ethischer Entscheidungsfindung ist das konsequentialistische Konzept von Verantwortung zumindest ergänzungsbedürftig (vgl. Korff 1985, 17–128; Höffe, 1993; Hellmich 2013; Vogt 2013b, 374–386; Potthast 2015; Vogt 2016). Die Trennung von Wert und Forschung bzw. Handeln und Wissen im herkömmlichen, wesentlich von Max Weber geprägten sozialwissenschaftlichen Denken, demzufolge die praktische Verwendung der Begriffssysteme und somit die eigene Rolle in der Praxis als ihm äußerlich zu betrachten sei, produziert für Horkheimer und Adorno einen blinden Fleck mangelnder Selbstreflexivität: Sie verstecke die strukturellen Voraussetzungen und Folgen sowie die Perspektivität wissenschaftlicher Positionen hinter dem Anschein von Neutralität, statt sie transparent zu machen (vgl. Horkheimer 1988, 182). Dadurch werde zugleich die nötige Distanz gegenüber dem in der Wissenschaft geronnenen Regelsystem der Gesellschaft unterlaufen (vgl. Adorno 2003, 299). Das positivistische Verständnis von Wissenschaft, das sich im vergangenen Jahrhundert oft auf Weber berief, muss kritisch in Bezug auf die **Voraussetzungen und Einbettungskontexte vermeintlich wertfreier Forschung** revidiert und relativiert werden (vgl. Reichert 2011; Vogt 2013a; Joas 2017, 201–240; Lagasnerie 2018; Weizsäcker, Wijkman 2018; zum Nachweis dass die Rezeption von Max Weber dem »polyphonen Denken« des Soziologen oft nicht gerecht wird: Hellmich 2013, 11–24).

Dabei bleibt die Mahnung einer gewissen Distanz zur Unmittelbarkeit des moralischen Wertens für die wissenschaftliche **Beobachtung moralischer Kommunikation** höchst produktiv. **Luhmann** sieht darin eine Grundsatzentscheidung:

> *Jede Wissenschaft, die Themen der Moral behandelt, steht heute vor der Frage, ob sie selbst sich moralischen Normen zu unterwerfen habe; ob sie im Chor der Stimmen, die das Gute gutheißen und das Schlechte verurteilen, mitsingen solle, sei es mit führender Stimme, sei es im Kontrapunkt, oder ob sie sich als moralfreie Erkenntnisleistung begreifen solle, für die Moral ein Gegenstand ist wie jeder andere. (Luhmann 1978, 8)*

Die wissenschaftspolitische Suche nach einer veränderten **Rolle der Universitäten** in der Gesellschaft, die sie nicht nur als Beobachter, sondern stärker auch als »*change agents*« in Anspruch nehmen will, hat einen ethisch-wissenschaftstheoretischen Kern im Konzept der Nachhaltigkeit: Dieses hat sich vor allem in der Sphäre des Politischen etabliert und ist zunächst ein gesellschaftspolitisches und kein wissenschaftliches Konzept. Nachhaltigkeit ist ein Verantwortungsdiskurs, dessen starke normative Aufladung in seiner Tiefenstruktur keineswegs zu gängigen Vorstellungen von Freiheit, Autonomie und wissenschaftlicher Exzellenz der Hochschulen passt. Sein integrativer Anspruch steht quer zum Prozess zunehmender Ausdifferenzierung (vgl. Mittelstraß 2015). Es wird befürchtet, dass die Freiheit der Wissenschaft für ethisch-politische Ziele in Anspruch genommen und so geopfert wird.

So stellt sich mit neuer Dringlichkeit die alte Frage, ob Wissenschaft sich damit begnügen kann, die Welt zu denken, oder ob sie auch unmittelbar danach streben sollte, die Welt zu verändern. Ist ihre Rolle eher diejenige einer Beobachterin oder vielmehr diejenige einer Akteurin? Darauf gibt es aus meiner Sicht durchaus unterschiedliche Antworten, die jeweils gute Gründe für sich anführen können. Ich möchte zunächst die **Argumente für eine unpolitische Beobachterrolle** stark machen:

- Das zentrale Argument gegen die wissenschafts- oder hochschulpolitische Förderung von Nachhaltigkeitsforschung ist, dass dies **unvereinbar sei mit der Autonomie** der Universitäten und der pluralistischen Freiheit der Forschung. Sie münde in subtile Formen von Planwissenschaft. Sie instrumentalisiere die Wissenschaft für politisch und damit außerwissenschaftlich definierte Ziele. Das Modell der transformativen Wissenschaft führe in der Konsequenz zu einer Preisgabe der wissenschaftlichen Wahrheitssuche zugunsten des Kriteriums einer spezifischen gesellschaftlichen Nützlichkeit (vgl. Strohschneider 2014, 181). Dies sei eine grundlegende Verletzung epistemischer Prinzipien von Wissenschaft.

- Darüber hinaus laufe das Modell der transformativen Wissenschaft auf eine Depolitisierung der Gesellschaft hinaus, da politische Entscheidungsprozesse durch eine **Expertokratie** der Nachhaltigkeitsforschung ersetzt würden. Wert- und Normkonflikte seien »wissenschaftlich unentscheidbar« (Strohschneider 2014, 186). Wenn Wissenschaft sich anmaße, letztlich nur politisch verhandelbare Wertekonflikte auf der Grundlage des vermeintlich besseren wissenschaftlichen Arguments zu entscheiden, komme es zu einer »Atrophierung« des Politischen (Strohschneider 2014, 190).

- Hinter diesem kritischen Zwischenruf zum Modell der transformativen Wissenschaft steht eine grundlegende Einsicht der Soziologie moderner Gesellschaft: Das Modell der **Ausdifferenzierung**. Diese ist eine wesentliche Grundlage der Effizienz, Freiheitlichkeit und Offenheit moderner Gesellschaft. Selbst wenn man um die Probleme einer zu weit getriebenen Ausdifferenzierung weiß, ist die Unterscheidung der Rollen hilfreich: Gute Wissenschaftler sind nicht per se auch gute Politiker. Die Sphäre der Wissenschaft und die des Politischen gehorchen einer je eigenen (Bereichs-)Logik und oft ist es ein hilfreicher Schutz, dass es keinen direkten Durchgriff von der einen in die andere Sphäre gibt.

Trotz aller berechtigten Bedenken hat auch die **gegenläufige Perspektive** starke Argumente auf ihrer Seite:

- Die **Herausforderungen des Klimawandels** sind höchst **wissensintensiv** und erfordern unter hohem Zeitdruck so tiefgreifende Innovationen, dass sie kaum ohne eine aktive Rolle und Mitverantwortung durch die Wissenschaft bewältigt werden können (WBGU 2019). Die hohe Komplexität und Heterogenität der Nachhaltigkeitswissenschaft erfordert eine Bündelung auch durch die Wissenschaft selbst, sollen die gesellschaftlich relevanten Schlussfolgerungen daraus verständlich und praktikabel umsetzbar sein. Es wäre eine Überforderung, diese Aufgabe der anwendungsorientierten Zusammenführung und Kohärenzbildung allein der Politik und den Medien zu überlassen.

- Was ist die Wissenschaft wert, wenn sie nicht danach strebt, dass ihre Erkenntnisse auch verstanden und umgesetzt werden? Sie darf sich angesichts der akuten Verachtung der Vernunft in der gegenwärtigen Gesellschaft nicht auf ein bloßes Glasperlenspiel reduzieren lassen. In dieser Situation läuft der Rückzug auf eine Ethik der vermeintlichen Neutrali-

tät auf eine **Teilhabe am System, das offensichtlich Unge-**
rechtigkeit und Zukunftszerstörung produziert, hinaus.
»Eine Wissenschaft, die in eingebildeter Selbstständigkeit die
Gestaltung der Praxis, der sie dient und angehört, bloß als ihr
Jenseits betrachtet und sich bei der Trennung von Denken
und Handeln bescheidet, hat auf Humanität schon verzich-
tet.« (Horkheimer 1988, 216) »Weil wir in einer ungerechten,
kritikwürdigen Welt leben, gibt es keine Neutralität.« (Lagasnerie 2018, 19)

- Wissenschaft zu treiben, die sich mit Nachhaltigkeitsthe-
men befasst, impliziert tiefgreifende **Divergenzen zu den**
Eckpfeilern des gegenwärtigen Gesellschafts- und Wissen-
schaftsmodells, insbesondere zu »Wachstum, Machbarkeit/
Beherrschbarkeit und individuelle[r] Freiheit« (Meyen 2019,
2). Hier besteht Klärungsbedarf, der in gleicher Weise die
Grundlagen und Rationalitätskonzepte und die normativen
Leitvorstellungen der Gesellschaft betrifft. Diese Situation
erfordert neue Formen des Dialogs zwischen Wissenschaft
und Gesellschaft. »Wenn es stimmt, dass Wissen Infragestel-
len bedeutet, müssen wir die Beziehung zwischen Autonomie, wissenschaftlichem Anspruch und politischer Praxis
anders fassen und der Verknüpfung dieser drei Termini eine
andere Bedeutung geben als traditionell üblich.« (Lagasnerie
2018, 63)

Letztlich geht es dabei also keineswegs nur um pragmatische
Herausforderungen im Kontext des Klimawandels, sondern um

die Grundlagen des Verständnisses von Wissenschaft. So findet sich etwa bei dem französischen Soziologen Geoffroy de Lagasnerie »die radikale Gegenposition zu einem Wissenschaftsverständnis, wie es zum Beispiel Peter Strohschneider vertritt« (Meyen 2018, 1). Demnach haben wir schon angefangen, uns zu engagieren, sobald wir anfangen, Ideen und Diskurse zu produzieren (vgl. Lagasnerie 2018, 14). Wahrheit sei nicht eine neutral beschreibende Perspektive, sondern ein »oppositioneller Begriff«, der zeige, wie und warum eine Praxis oder eine Institution falsch sei (Lagasnerie 2018, 55). Im Hintergrund dieses Wissenschaftsverständnisses steht das Konzept einer Soziologie als Infragestellung von Ideologien, Institutionen und gesellschaftlichen Rahmenstrukturen (vgl. Lagasnerie 2018, 61). Der **Denkfehler** einer Position wie derjenigen Strohschneiders, wenn er die **Wissenschaft als operativ geschlossenes, selbstreferentielles System** auffasst und für eine strikte Trennung zwischen Wissenschaft und Politik plädiert, sei, dass sie »die Systemtheorie zur Wirklichkeit erklärt« (Meyen 2018, 2). »Als analytische Perspektive mag das hilfreich sein, wenn daraus aber Wissenschaftspolitik wird (und davon muss man bei einem DFG-Präsidenten ausgehen), haben wir ein Problem.« (Meyen 2018, 2)

Die **Denunziation des Engagements als heteronom** laufe auf einen strukturkonservativen Konformismus des Denkens hinaus (vgl. Lagasnerie 2018, 42 f.). Der Denkfehler dahinter sei die sequenzielle Auffassung von Wissenschaft als ein in sich geschlossener Raum und der Politik bzw. der Öffentlichkeit als nachgelagertes Feld der Anwendung und Intervention. Wissenschaft, insbesondere diejenige, die sich mit der Produktion symbolischer Güter befasst, sei jedoch von Anfang an mit ethisch-politischen Fragen konfrontiert:

> *Die Behauptung, dass intellektuelles Engagement auf die Konfrontation mit einer ethischen Frage hinausläuft und dass die Form unseres theoretischen Wirkens ausgehend von der Welt und dem Handeln, das es in ihr hervorruft, zu bestimmen ist, bedeutet, dass man nicht die etablierten Formen und Institutionen wissenschaftlicher und kultureller Praxis akzeptieren und übernehmen kann, um sich erst danach in einem zweiten Schritt zu fragen, wie man zur Veränderung der Welt beitragen kann. Man muss vielmehr von der Notwendigkeit einer emanzipatorischen Wissensproduktion ausgehen und sich dann fragen, welches Verständnis des eigenen Lebens als Autor, von Praxis und Theorie daraus folgt. Um die Form unseres Handelns festzulegen, müssen wir ein ethisches Anliegen an den Anfang stellen. Die politische Frage stellt sich ex ante, nicht ex post. (Lagasnerie 2018, 16 f.)*

Das Misstrauen, dass die Rhetorik der ethisch-politischen Nützlichkeit die Wissenschaft einem utilitaristischen Denken unterwerfe, ist durchaus berechtigt. Es unterliegt jedoch einem Missverständnis, wenn man diese Nützlichkeit als eine nachgeschaltete Anwendung denkt, nachdem man zuvor die Autonomie der Wissenschaft in einer Art »**Mystik reinen Wissens**« (Lagasnerie 2018, 26) außerhalb der Sphäre der Gesellschaft verortet hat. Lagasnerie vergleicht das Verständnis der Wissenschaft als »*l'art pour l'art*« mit der Vorstellung vom Profit um des Profits Willen. Sie sei »eine Art Ethik des Rückzugs, der Entpolitisierung, die einem potenziell subversiven Wirken eine gesellschaftliche und politische Harmlosigkeit verpasst und so die Reproduktion der bestehenden Ordnung und ihrer Grundwerte ermöglicht.« (Lagasnerie 2018, 33)

Das Beharren darauf, dass Wissenschaft ein fester Beruf, ein in sich abgeschlossenes Reich innerhalb des gesellschaftlichen Ganzen darstelle, gebe das eigene Wesen des Denkens preis (vgl. Horkheimer 1988, 216). Es beruhe auf einem naiven Verständnis des vielschichtigen Nexus von Theorie und Praxis und verkenne, dass Wissenschaft immer auch als eine Form von Praxis zu betrachten ist (vgl. Habermas 1971). Wenn man Nützlichkeit in dieser ursprünglichen Verknüpfung von Theorie und Praxis verortet, dann ist sie nicht ein von außen angelegter Maßstab utilitaristischer Folgenwertung, sondern stellt ein inhärentes Moment der Praxis des Wissens dar. Es geht um einen Gegenpol zur hohen Selbstreferentialität der Wissenschaft, die sich insbesondere in den Geisteswissenschaften durch eine Flut von Fußnoten zunehmend auf sich selbst bezieht und damit ein geschlossenes System bildet, das sich von der Außenwelt abzukoppeln scheint (Rieß, Fisch, Strohschneider 1995).

Man sollte vor dem Hintergrund der **nicht auflösbaren Spannung** unterschiedlicher wissenschaftstheoretischer Modelle den Anspruch verantwortlicher und transformativer Wissenschaft nicht primär als Moralappell auslegen, sondern zunächst wissenschafts- und normtheoretisch reflektieren. Wissenschaft in Zeiten des Klimawandels sollte sich nicht unter dem Druck vermeintlich noch so dringlicher politischer Ziele im Aktivismus verlieren. Sie wird nur dann erfolgreich sein, wenn sie den Suchprozess im Spannungsfeld zwischen empirischer Forschung, normativem Anspruch und gesellschaftlicher Transformation zunächst methodisch und strukturell in Bezug auf das Selbstverständnis und die Organisation von Wissenschaft reflektiert. Die Überlegungen von de Lagasnerie, Meyen, Schneidewind, Grunwald, Müller-Christ u. a. bieten dafür gute Hinweise, bedürfen aber einer ethisch-systematischen Vertiefung. Hierzu formulieren die folgenden Ausführungen aus normtheoretischer und verantwortungsethischer Sicht einige Thesen. Sie verstehen sich nicht als abschließende Antworten, sondern als Perspektiven für weitere Forschung und suchen in einem größeren Argumentationsbogen Antworten auf den Verdacht, dass das Modell der transformativen Wissenschaft zu einer »Atrophierung« des Politischen (Strohschneider 2014, 190), einer Preisgabe der strikten Ausrichtung von Wissenschaft auf Wahrheitssuche sowie des modernen Effizienz- und Freiheitsprinzips der Ausdifferenzierung führe.

2

Die soziale Grammatik
der Verantwortung

Die Sustainable Development Goals als Beispiel
deklamatorischer Verantwortungsüberlastung?

Der aus dem gerechtigkeitstheoretisch begründeten Prinzip der Nachhaltigkeit abgeleitete Anspruch einer »Großen Transformation« (WBGU 2011; Wissenschaftsrat 2015) zielt auf eine global, intergenerationell und ökologisch entgrenzte Verantwortung. Dafür besteht erheblicher Erwartungsdruck: Nach dem Verlust der Selbstgewissheit neuzeitlicher Fortschrittsutopien suchen spätmoderne Gesellschaften Halt im Ruf nach Verantwortung (vgl. Kaufmann 1992, 11). Diese Stimmungslage ist der Grund für die Attraktivität der Rede von Nachhaltigkeit, die sich als Leitmaxime der Verantwortung in der technologischen Zivilisation etabliert hat. Sie antwortet auf die Legitimationskrise, die mit den Entwicklungsproblemen der späten Moderne verbunden ist. Sie verspricht Zukunftsfähigkeit und globale Armutsüberwindung. Dabei ist jedoch keineswegs klar, wie diese garantiert werden können. Die dreifache Erweiterung der Verantwortung mündet unter den gegenwärtigen Bedingungen von Politik, Wirtschaft, Wissenschaft und Gesellschaft in eine radikale Überforderung (vgl. dazu provokativ Miller 2007). Das Kernproblem der Nachhaltigkeitskommunikation ist die »**deklamatorische Verant-wortungsüberlastung**« (Lübbe 1994, 298).

Das Dilemma der großen Verantwortungsversprechen besteht darin, dass die damit adressierten Probleme einerseits kaum abweisbar sind, andererseits jedoch mit den bisherigen Strategien offensichtlich nicht hinreichend gelöst werden können. Dies scheint das Schicksal der Sustainable Development Goals (SDGs) zu sein: Mit ihrer unaufgelösten Spannung zwischen entwicklungspolitischen und ökologischen Zielen fehlt es ihnen an konzeptioneller Kohärenz. Einem naiven Betrachter erscheinen sie wie eine Zusammenstellung aller wünschenswerten Ziele: kein Hunger, keine Armut, Gesundheitsversorgung und Bildung für alle (Ziel 1–4), zugleich anständige Arbeit, Wachstum, Innovation und weniger Ungleichheit (Ziele 8–10). Sie wirken wie die Rückkehr der Utopie im postutopischen Zeitalter. Es mangelt an politiktheoretischen und philosophischen Einordnungen dieser erstaunlichen **Renaissance des utopischen Denkens** (allgemein zu einer Kritik der sehr unterschiedlichen Formen der utopischen Vernunft vgl. Hinkelammert 1994, 13–109; Albertz 2006). Hans Jonas hatte sein »Prinzip Verantwortung« explizit als Kontrapunkt zu diesem verstanden (vgl. Jonas 1984, 316–393).

Diese Kritik soll freilich nicht in Abrede stellen, dass sich die SDGs als wegweisendes Dokument für das Ringen um eine nachhaltige Entwicklung etabliert haben und es inzwischen durchaus anspruchsvolle Reflexionen über Wege und Bedingungen der Umsetzung gibt (vgl. z. B. International Council for Science 2017; Stockholm Resilience Centre 2018).

Dennoch lässt sich kaum leugnen, dass das **1,5°-Ziel der Klimaverträge von Paris** inzwischen als weitgehend utopisch gelten muss (Raftery et al. 2017 geben der Chance, es zu erreichen, **nicht mehr als ein Prozent**; für das 2°-Ziel berechnen sie eine Wahrscheinlichkeit von fünf Prozent). Auch wenn solche Berechnungen höchst spekulativ bleiben, muss die offensichtliche Diskrepanz zwischen Anspruch und Alltag nüchtern analysiert und offen benannt werden. Genau das ist eine unverzichtbare Aufgabe der Ethik: Soll sie mehr sein als eine verharmlosende Sonntagsrhetorik, darf sie nicht dabei stehen bleiben, Wünschenswertes zu beschwören, sondern muss **Zielkonflikte und Dilemmastrukturen aufdecken.**

Dies gilt auch und gerade für einen wissenschaftlichen Umgang mit den SDGs: Es ist methodisch unzureichend, diese einfach als Zielvorgaben für wissenschaftliche Forschung zu rezipieren. Die zentrale ethisch-konzeptionelle und politiktheoretische Herausforderung ist ihr eigentümliches Schwanken zwischen Verzicht auf das Entwicklungsparadigma einerseits und seiner unterschwellig radikalisierten Rezeption andererseits (vgl. Sachs 2018). Den Verlautbarungen der Vereinten Nationen wohnt ein gehöriges Maß von »kollektiver Selbst-Illusionierung« inne (Blühdorn 2013, 228). Die deklamatorische Selbstverpflichtung sämtlicher Regierungen zur vollen Umsetzung der Agenda 2030 steht in einem eklatanten Widerspruch dazu, dass dieselben Regierungen beispielsweise Kohleabbau und Ressourcenausbeutung fördern, eine angemessene Besteuerung von Flugbenzin und Finanzprodukten sowie einen funktionierenden Zertifikatehandel verhindern. »Die Entkopplung von internationaler Rhetorik und nationalen Maßnahmen ist zum Strukturmerkmal gegenwärtiger Politik geworden.« (Sachs 2018, 247 f.) Man kann dies als Modus der »**simulativen Demokratie**« (Blühdorn 2013) oder auch – etwas nüchterner – als Dilemma der Politik im Spannungsfeld zwischen nationalen und internationalen Herausforderungen einordnen. Um den Rationalitätsanspruch der deliberativen Demokratie zu wahren, ist diese auf eine aktive Rolle der Wissenschaft in den höchst komplexen und konfliktreichen Transformationsprozessen der Gegenwart, die die traditionellen Arenen und Kommunikationsformen der Politik überfordern, angewiesen (vgl. Grunwald 2018).

Aus ethischer Sicht geht es um eine Neuvermessung der Arenen, Grenzen und Handlungsbedingungen von Verantwortung: Ohne eine Beschäftigung mit den strukturpolitischen Voraussetzungen ihrer aktiven Wahrnehmung und Umsetzung wirkt die vollmundige Verantwortungsrhetorik wie ein »ungedeckter Scheck« (Höffe 1993, 187). Die Grenzen der Zurechenbarkeit von Verantwortung, der Planbarkeit von Nachhaltigkeit und der Steuerbarkeit politischer Prozesse müssen neu vermessen werden (vgl. Vogt 2018b; vgl. auch die Ausführungen unten zur »sozialen Grammatik der Verantwortung«). Die ethische Kritik des utopischen Denkens zielt also nicht primär darauf, die Ziele auf ein vermeintlich realpolitisch erreichbares Maß zu reduzieren, sondern auf eine Reflexion der Handlungsbedingungen, Widerstände und Kohärenzprobleme, in denen sich der ernsthafte Wille bewähren muss. Sie zielt auf ein **Dilemmamanagement** hinsichtlich der Schwierigkeit, unter falschen (System-) Bedingungen richtig zu handeln sowie auf Transformations- und Governance-Wissen hinsichtlich der Änderung ordnungspolitischer Strukturen.

Bezogen auf die Wissenschaften verschärft sich das Dilemma: Einerseits wird von ihnen eine Impulsgeberfunktion für die Umsetzung der SDGs erwartet, andererseits ist das Vertrauen in Wissenschaft und Vernunft in »**postfaktischen Zeiten**« brüchig geworden. Die SDGs taugen nicht unmittelbar als Anleitung für ein Modell transformativer Wissenschaft. Ihnen fehlen sowohl die innere Kohärenz als auch die methodische Reflexion über Qualitätskriterien und Wirkungschancen guter Wissenschaft (in Ziel 4 zur Bildung finden sich nur wenige, recht allgemeine Andeutungen hierzu).

Die Frage, wie das nötige Wissen für ein zukunftsfähiges Modell globaler Entwicklung erzeugt, gebündelt sowie breitenwirksam kommuniziert und verständlich an Schlüsselakteure vermittelt werden kann, lässt sich nur **transdisziplinär** beantworten. Eine solche methodische, praktische und wissenschaftspolitische Reflexion ist der notwendige erste Schritt auf dem Weg zu einer Nachhaltigkeitswissenschaft, die sich sowohl

ihrer Verantwortung bewusst ist als auch die Freiheit der Forschung wahrt. Sie ist die Voraussetzung dafür, dass die Wissenschaft nicht einfach deklamatorisch große Ziele von außen
aus dem Raum des Politischen übernimmt, sondern sich die
Ziele von innen her – mit ihren spezifischen Kompetenzen der
Analyse von Problemen, Chancen und Handlungsstrategien –
methodisch reflektiert zu eigen macht.

Die Erosion der Verantwortung
durch anonyme Systemlogiken

In der Unübersichtlichkeit spätmoderner Gesellschaften gelingt
es oft nicht, die Handlungssubjekte, die Gegenstände und die
Adressaten der Verantwortung hinreichend zu identifizieren
und einzugrenzen:

> Wir machen gegenwärtig Erfahrungen unserer Abhängig-
> keit von evolutionären Verläufen unserer Zivilisation, die
> handlungsbestimmt sind, aber ersichtlich gesamthaft weder
> im Guten noch im Bösen handlungsrational interpretiert
> werden könnten. Man kann das auch so ausdrücken: Der
> Zivilisationsprozess ist ein Vorgang ohne Handlungssubjekt.
> (Lübbe 1994, 299)

In der räumlichen, zeitlichen und ökologischen Entgrenzung
komplexer Handlungsketten entzieht sich die Verantwortung

der kausalen Zurechenbarkeit. Gewohnte Modelle der Adressierung, Abgrenzung und Überwachung von Verantwortung sind in den anonymen, weitverzweigten und **unübersichtlichen Akteursnetzwerken** spätmoderner Gesellschaften häufig nicht problemadäquat anwendbar (vgl. Möllers 2018). Vor allem die Eigendynamik funktional ausdifferenzierter Systemlogiken mit teilweise unabsehbarer Reichweite ihrer Wirkungen (beispielsweise das hochkomplexe Finanzsystem) scheint im Rahmen des traditionellen Verantwortungskonzepts nicht sinnvoll zu bearbeiten – weder in seiner tugendethischen noch in seiner konsequentialistischen Variante: Die Tugendethik läuft angesichts der von niemandem gewollten und kalkulierbaren Nebenwirkungen des Handelns ins Leere; konsequentialistische, also auf Folgenabwägung bezogene Konzepte von Verantwortung scheitern an der Unberechenbarkeit der nicht linearen Handlungsfolgen in komplexen Wirkungsketten (vgl. Vogt 2018a; Möllers 2018, 23–66).

Ethik kann sich dabei freilich nicht mit der Kapitulation vor der scheinbaren Autonomie von Systemimperativen abfinden, sondern muss in neuer Weise Akteurskonstellationen in komplexen Netzwerken analysieren und auf der Basis solcher sozialanthropologischen, institutionen , handlungs und eigentumstheoretischen Zugänge moralische und rechtliche Zuschreibungen von Rechenschaftspflichten aushandeln (vgl. Eckert 2015). Dies wird kaum möglich sein ohne eine Kritik der »**neoliberalen Revolution**«, die »den Markt zum gesellschaftlichen Zentrum erhoben« und »öffentliche Institutionen geschwächt« hat (Chomsky 2018, 16). Die Annahme einer vermeintlichen Neutralität der Ökonomie bzw. des Ordnungssystems der (Finanz-)Märkte ist die gegenwärtig wirkmächtigste »Rückkehr des Positivismus« (Reichert 2011). Auch den Medien kommt eine Schlüsselfunktion zu bei der Aufdeckung versteckter Akteure und Akteursnetzwerke, die hinter den Kulissen scheinbar anonymer Systemlogiken wie z. B. der Finanzmärkte agieren (vgl. oekom 2018; Meyen 2019).

»Why liberalism failed«

Nicht wenige befürchten, dass das Freiheitsideal des Liberalismus in der Eigenlogik von ökonomischen und politischen Systemen an sich selbst zugrunde geht, weil Freiheit mit Marktfreiheit verwechselt wird und Verantwortung sich in vermeintlich alternativlosen Systemimperativen verliert. Die Folgen sind weitreichend: Der amerikanische Politikwissenschaftler **Patric Deneen** hat dies in seinem weltweit diskutierten Buch »Why liberalism failed« prägnant auf den Punkt gebracht (Deneen 2018, bes. 15–27). Nach seiner Diagnose ist der transnationale Universalismus der Ethik an sein Ende gekommen, weil die Eliten in Politik und Wirtschaft ihre größeren Freiheitschancen einseitig zum privaten Vorteil ausnutzen. Die normative Basis der offenen demokratischen Gesellschaft, nämlich das Zusammenspiel von Verantwortung und Freiheit, sei missbraucht und systemisch ausgehöhlt worden. Die Renationalisierung sei eine unvermeidliche Antwort darauf.

Damit scheint zugleich die gesellschaftliche Einbettung und Legitimation moderner Wissenschaft fragil. Dies bekommen die Universitäten und Hochschulen in einigen Ländern bereits massiv zu spüren. Ein tiefes **Misstrauen gegen die akademischen Eliten** bricht sich weltweit im Populismus Bahn und wird in diesem zur politischen Kraft (vgl. Vogt 2017).

Dabei ist jedoch offensichtlich, dass weder die nationalistische Engführung von Verantwortung noch der autoritäre Anti-Liberalismus ethisch gangbare Wege bieten. Die Weltgesellschaft ist dabei, die moralischen und kulturellen Grundlagen des gesellschaftlichen Zusammenhalts aus dem Blick zu verlieren, weil es keinen Konsens gibt hinsichtlich der veränderten Bedingungen des **Zusammenspiels von Freiheit und Verantwortung** in den Prozessen disruptiver Veränderung einer zunehmend polyzentrischen Welt. »Der Klimawandel stellt die Idee der Freiheit, das vielleicht wichtigste politische Konzept der Neuzeit, vor gewaltige Herausforderungen.« (Ghosh 2017, 163) In einer Gesellschaft, die die »Idee von Kollektiven gleichermaßen aus Politik, Wirtschaft und Literatur verbannt hat« (Ghosh 2017, 42), fällt es schwer, die kollektive Struktur der Klimaverantwortung auch nur zu denken. Ein individualistisch enggeführter Freiheits- und Verantwortungsbegriff, der seine kulturellen und institutionellen Einbettungskontexte aus dem Blick verliert, scheitert an der komplexen Struktur der Handlungs- und Verursachungsketten im Klimawandel. Das rein formale Verständnis von Freiheit als Maximierung von Optionen läuft leer, weil es auf diese Weise in eine letztlich nicht mehr beherrschbare Unbestimmtheit mündet.

Freiheit und Vernunft als Leitwerte der modernen westlichen Gesellschaften müssen sich heute wesentlich daran bewähren, dass sie zur Bewältigung der vielschichtigen Verantwortungsprobleme im Anthropozän befähigen. Dies gilt in besonderer Weise für die Wissenschaft, die ihre Potenziale nur unter der Bedingung eines grundlegenden Vertrauens in die Vernunft der Freiheit entfalten kann. **Wissenschaft** ist herausgefordert, das Vertrauen in Vernunft und Freiheit als Grundlage der Demokratie zu verteidigen, indem sie proaktiv Verantwortung für die Bewältigung der zentralen gesellschaftlichen Herausforderungen übernimmt, statt sich hinter der Unverbindlichkeit eines systemischen, letztlich fragwürdigen Freiheitsbegriffs zu verschanzen und tatenlos ihrer strukturellen Entmündigung in vielen Ländern zuzuschauen. **Sie muss politischer werden.** Die Stärkung der Stimme der Wissenschaft im Kontext politischer Entscheidungsprozesse verbessert die Chancen der Verantwortung und ist keineswegs – wie es die oben diskutierte Kritik am Modell der transformativen Wissenschaft formulierte – eine »Atrophierung« des Politischen (Strohschneider 2014, 190). Sie ist im Gegenteil ein notwendiger Beitrag zur Rettung des Politischen unter den Bedingungen moderner Wissensgesellschaften (vgl. dazu mit Bezug auf das aristotelische Verständnis von Politik: Arendt 2018).

Die soziale Grammatik der Verantwortung

Ein Blick in die Begriffsgeschichte kann helfen, das Spannungsfeld von Freiheit und Verantwortung neu auszuloten: Von seiner ursprünglichen Wortbedeutung in Rechtstexten des 15. Jahrhunderts her meint »Verantwortung« eine sprachliche Interaktion: Antwort geben, Rechenschaft ablegen (vgl. Korff, Wilhelms 2001, 597). Sie bezieht sich auf die Übertragung bzw. Übernahme von Aufgaben und Kompetenzen sowie die entsprechende Zurechnung und Kontrolle von Handlungsfolgen. Verantwortung lässt sich demnach als eine Beziehung definieren, die **drei Elemente** enthält: Sie ist eine Zuständigkeit, die (1) bei jemandem, (2) für etwas, (3) gegenüber jemandem liegt. Alle Rechenschafts- und Haftungsfragen spielen sich in einem solchen dreidimensionalen Spannungsfeld ab (vgl. Höffe 1993, 23). Das Beziehungsgefüge von **Subjekt, Objekt und Adressat** ist die soziale Grammatik der Verantwortung (zum Konzept einer »Grammatik« normativer Leitkonzepte vgl. Vogt. 2014 sowie als Defizitanzeige Möllers 2018, 11).

Meine These, die ich oben unter dem Stichwort der »deklamatorischen Verantwortungsüberlastung« bereits angedeutet habe, besteht darin, dass alle drei Dimensionen heute in spezifischer Weise verunsichert sind. Unser Rechtssystem, unsere internationalen Institutionen und unser Moralempfinden sind nicht hinreichend darauf vorbereitet, Verantwortungsprobleme im Umgang mit ökologischen Kollektivgütern sowie eine Vielzahl soziokultureller Werte zu erfassen und verbindlich zuzuschreiben. Ein anschauliches Beispiel für die Diffusion der Verantwortung sind die **Finanzmärkte**, in denen die Sicherung moralischer Rechenschaftspflichten nur höchst unvollständig gelingt. Gewinne werden privatisiert, Schäden auf die Allgemeinheit abgewälzt. Die Folgen der Entscheidungen sind oft auch für die Akteure selbst nicht vorhersehbar.

Die **Zukunft der Demokratie** hängt davon ab, ob es gelingt, die »Grammatik der Verantwortung« in neuer Weise so durchzubuchstabieren, dass Handlungssubjekte, Rechenschaftspflichten und Kontrollinstanzen in den komplexen Prozessen entgrenzter Entwicklung greifbar werden. Das setzt eine Stärkung internationaler Institutionen und Regelsysteme beispielsweise im Bereich der Finanzwirtschaft oder für CO_2-Zertifikate voraus. Ebenso bedeutsam wäre eine Definition von Schutz- und Eigentumsrechten im Umgang mit Boden, Wäldern, Meeren und anderen gemeinwohlrelevanten Grundgütern der Erde. Auch die Heimat- und Ressourcenrechte indigener Bevölkerungsgruppen wären hier eine wichtige Voraussetzung zur Ermöglichung von Verantwortung. Das Ziel kann keine absolute Kontrolle sein, sehr wohl jedoch ein Gegensteuern in den auffälligsten Feldern von Verantwortungslosigkeit.

Über die Orientierung für solche Regelsysteme hinaus kann eine ethisch-systematische Reflexion des Verantwortungsbegriffs auch Zugänge zu einem **existenziellen Verständnis** dessen erschließen, was **Ethik** ist: Sie ist weder bloße Folgenoptimierung noch einfach die deduktive Anwendung von Normen und Prinzipien. Sie ist mehr als eine wohlwollende Gesinnung oder die altruistische Bereitschaft, zugunsten anderer auf Vorteile zu verzichten. Ethik meint darüber hinaus und grundlegender das Antwort-Geben auf die Herausforderungen des Zusammenlebens in der jeweiligen Situation. Dieser responsive Charakter kommt im Begriff der Verantwortung unmittelbar zum Ausdruck. Ethik ist aufmerksame Sorgfalt im Umgang mit Menschen sowie komplexen technischen und gesellschaftlichen Herausforderungen. Verantwortung als Tugend meint das **aktiv planende und stets lernbereite Wahrnehmen von Gestaltungsmöglichkeiten** des Lebens. Sie ist eine Grundhaltung, die nur sehr begrenzt von außen erzwungen oder berechnet werden kann. Verantwortung äußert sich in der Bereitschaft, sich und anderen für das eigene Handeln Rechenschaft zu geben. Auch die Hochschulen sind angesichts der tiefen Umbrüche gegenwärtiger Entwicklung herausgefordert, über die Legitimität ihrer Art der Wissensproduktion Rechenschaft abzulegen.

Die Kunst der Verantwortung ist die **Unterscheidung zwischen Vorrangigem und Nachgeordnetem** sowie zwischen verschiedenen **Ebenen von Zuständigkeiten** und **Graden von Verbindlichkeit**. Sie zielt auf Befähigungsgerechtigkeit im Sinne subsidiärer Stärkung von Autonomie, Eigenpotenzialen und Partizipation. Verantwortung ist nicht nur deklamatorisch vom Wünschenswerten her zu denken, sondern ebenso von ihrem »Ernstfall« der nüchternen Abwägung in Konfliktsituationen (vgl. Weber 1993, 63; Korff, Wilhelms 2001) her. Eine solche Praxis von Verantwortung mit Augenmaß ist der Entstehungsort von konkreter Freiheit, verstanden nicht bloß als Wahl- und Willkürfreiheit, sondern als Fähigkeit zu identitätsstiftender Selbstbestimmung als moralisches Subjekt in Konfliktsituationen. Diese hat in der Regel mit der Bewältigung von Ziel-, Interessens- und Überzeugungskonflikten zu tun.

Solche Konflikte sollten im Nachhaltigkeitsdiskurs nicht harmonisierend übergangen werden. Er ist zwar ethisch-systematisch auf Integration angelegt, braucht aber gerade deshalb umso notwendiger eine Unterscheidung zwischen sachlich angemessen, produktiven Kompromissen auf der einen und faulen, letztlich kurzsichtigen **Kompromissen** auf der anderen Seite. Solche Fragen sind nicht nur, wie Max Weber suggeriert, Aufgaben der Politik, sondern durchaus auch der Ethik als methodengeleiteter wissenschaftlicher Reflexion der normativen Vernunft (vgl. Korff 1985). Die Transformation der SDGs in ein wissenschaftsfähiges Konzept hängt davon ab, ob die vielschichtigen Probleme ihrer konzeptionellen Kohärenz sowie der mit ihnen verbundenen Verantwortungszuschreibungen interdisziplinär reflektiert werden.

Verantwortung durch Risikomündigkeit

Ein wichtiger Bezugspunkt der »Renaissance« des Verantwortungsbegriffs ist das 1979 erschienene Buch »Das Prinzip Verantwortung« von Hans Jonas, das häufig zitiert, jedoch selten gründlich gelesen wird. Eine Folge dieser Art oberflächlicher Rezeption ist, dass dessen Grundanliegen, nämlich die diachrone Erweiterung der Verantwortung auf die Dimension der künftigen Generationen, oft nur als deklaratorische Moralfloskel gebraucht, aber selten norm- und rechtstheoretisch durchdacht wird (vgl. dazu mit einer allerdings überzogenen und zu Unrecht auf Jonas selbst bezogenen Kritik: Bolz 2019). Es ist nämlich beispielsweise keineswegs klar, wie und mit welchen Zeithorizonten und Ansprüchen Menschen, die noch gar nicht geboren sind, als Rechtssubjekte adressiert werden können (vgl. Meyer, Gosseries 2009). Eine konsistente Ethik der Nachhaltigkeit hängt wesentlich von der Klärung solcher Fragen ab (Vogt 2013b, 374–454). Jonas versteht sein »Prinzip Verantwortung« als Gegenentwurf zu Blochs »Prinzip Hoffnung«, was sich entscheidungstheoretisch insbesondere in der »**Heuristik der Furcht**« ausdrückt (vgl. Jonas 1984, 63 f., 67, 376–387, 390–392). Diese fordert im Zweifelsfall einen Vorrang der Unheilsprognose als Basis für die Bewertung von Handlungsalternativen. Das Privileg der Furcht birgt jedoch die Gefahr, angesichts des hohen Grades an Unsicherheit in den komplexen technischen Entwicklungen der späten Moderne die Handlungs- und

Innovationsfähigkeit in vielen Bereichen zu lähmen und so möglicherweise mehr Gefahren zu erzeugen als zu begrenzen (vgl. Vogt 2018a). Würde man beispielsweise die »Heuristik der Furcht« konsequent auf die tiefgreifenden Umwälzungen durch Digitalisierung anwenden, müsste sich die Gesellschaft weitgehend von den damit verbundenen Innovationschancen abkoppeln.

Innovationen sind immer riskant und schwer kontrollierbar. Ohne Offenheit für Innovationen können sich jedoch die spezifischen Problemlösungspotenziale der Wissenschaft kaum entfalten. Eine Theorie der Verantwortung in und durch Wissenschaft braucht ein differenziertes Konzept zur Unterscheidung zwischen den notwendigen Freiheitsspielräumen für wünschenswerte Innovationen und den ebenso notwendigen Restriktionen, um die Eskalation systemischer Risiken zu vermeiden. Wir wissen über gesellschaftliche Transformationsprozesse in vielen Bereichen zu wenig und scheitern häufig an **Pfadabhängigkeiten** technologischer Entwicklungen. Ein anschauliches Beispiel hierfür ist die Energiewende, in der die Befreiung von den vielschichtigen Pfadabhängigkeiten von fossilen Energien und damit verbundenen Machtstrukturen nur mühsam und verzögert gelingt.

Verantwortliche Wissenschaft braucht eine intelligente Kombination von naturwissenschaftlich-technischer, unternehmerischer, politisch-institutioneller, kultureller und sozialer Innovation. Wegweisend hierfür könnte das EU-Konzept

»Responsible Research Innovation« (RRI, auch abgekürzt als *Responsible Innovation*) sein. Aufgrund der hohen Komplexität der Wirkungszusammenhänge genügt es dabei aus ethisch-systematischer Sicht keineswegs, *responsibility* primär im Raum einer utilitaristisch-konsequentialistisch orientierten Technikfolgenabschätzung und linearer Interventionsmodelle zu interpretieren; diese müssen vielmehr in grundlegender Weise um partizipatorische, demokratietheoretische, systemische und kulturelle Aspekte erweitert werden (vgl. Lindner et al. 2016; Bogner et al. 2015; Vogt 2018a). Bisher ist RRI eher ein Schlagwort, das auf ein in ethisch-systematischer Hinsicht noch wenig erschlossenes Forschungsfeld verweist, als ein bereits normativ klar strukturiertes Konzept für politische *Governance* verantwortlicher Forschung.

Aus ethisch-systematischer Sicht besteht Forschungsbedarf hinsichtlich der gesellschaftstheoretischen Zusammenhänge und kulturellen Einbettungskontexte für die Ermöglichung sowie die sozialen Folgen von Innovationen. In der Biotechnologie wird das Innovationsprinzip als Gegenpol zum Prinzip der Daseinsvorsorge in Stellung gebracht, ohne hinreichende Kriterien dafür zu klären. Daher wurde in Deutschland eine Initiative zur Novelle des Gentechnikgesetzes (Deutscher Bundestag 2016), in der **Innovation und Daseinsvorsorge** gleichrangig als Leitprinzipien etabliert werden sollten, abgelehnt. Dennoch ist die Grundintention gerade für eine Wissenschaftsethik nicht abzuweisen: Der Beitrag der Forschung für eine zukunftsfähige Gesellschaft besteht ganz wesentlich in Innovationen, deren Bewertung im Rahmen klassischer Konzepte von Technikfolgenabschätzung nicht hinreichend geleistet werden kann, da diese oft nicht vorab berechenbar, sondern mit einem offenen Suchprozess verbunden sind. Eine Ethik, die defensiv von Risiken, externer Kontrolle und Restriktionen her denkt, kann schon aus methodischen Gründen die Leistungen der Forschung für die Ermöglichung einer nachhaltigen Entwicklung nicht angemessen würdigen.

Das Konzept verantwortlicher Innovation braucht eine philosophisch-ethische sowie gesellschafts- und rechtstheoretische Grundlagenforschung über den Umgang mit Nichtwissen (vgl. Böschen et al. 2004). Ein prozessbegleitend angelegtes **Resilienzkonzept** hat sich hierfür in den letzten Jahren als zugleich normativ gehaltvolle und offene, weder rein defensive noch risikoblinde Kategorie etabliert (vgl. Böschen et al. 2017; Schneider, Vogt. 2018; Stockholm Resilience Centre 2018). Systematischer Kern einer Ethik der Innovation ist die handlungs- und institutionentheoretische Reflexion des Umgangs mit systemischen Risiken sowie den unterschiedlichen Arten des Nichtwissens, mit denen die Suche nach verantwortlichen Entscheidungen konfrontiert ist (vgl. Renn 2014). Sie braucht »**Risikomündigkeit**« (Vogt 2013b, 347–372; Vogt 2018a) im Sinne eines kulturbewussten und selbstreflexiven Umgangs mit systemischen Risiken. Risikomündigkeit bedarf eines ethischen Fundaments, das weit über eine konsequentialistische Folgenabwägung hinausreicht.

Die Problematik reicht jedoch noch tiefer: Die großen Humanitätsversprechen, die die Neuzeit vorangetrieben haben (vgl. Höffe 1993, 49–72), stehen in neuer Weise auf dem Prüfstand. Der große Erfolg der Entwicklungsidee ist durch einen »Verschleiß der Biosphäre« erkauft: »Da gibt es nichts herumzudeuteln: Gegenwärtig führt ein erfolgreicher Ausstieg aus Armut und Machtlosigkeit schnurstracks zum Einstieg in die ökologische Raubökonomie.« (Sachs 2018, 251)

Auch Wolfgang Haber sieht einen grundlegenden Widerspruch zwischen humanitären Entwicklungszielen und den »**unbequemen Wahrheiten der Ökologie**«, der durch die SDGs nicht gelöst, sondern verdeckt werde und die vollmundige Rede von Verantwortung in der Anthropozändebatte als höchst kurzsichtige Verdrängung der planetaren Grenzen erscheinen lasse (vgl. Haber et al. 2016). Die Annahme, dass der Mensch in geologischen Zeitmaßen, also über Jahrtausende imstande sei, das Erdsystem zu managen, ist jedenfalls eine absehbare Selbstüberforderung und Hybris (vgl. Miegel 2013). Zumindest sind Wohlstands- und Verantwortungsversprechen nach dem Muster »Wie im Westen so auf Erden« (Sachs 1993) im Zeitalter des Anthropozäns nicht zukunftsfähig.

3

Die Krise der Klugen

Universitäten als randständige Echokammern?

Der Wissenschaftsjournalist Manuel Hartung, der vor allem durch seinen 2007 erschienenen »Uni-Roman« zum Alltagsleben heutiger Studierender bekannt wurde, diagnostiziert eine **»Krise der Klugen«**, die sich als dramatische Stummheit angesichts der aktuellen Herausforderungen zeige:

> In einer Zeit, da die Verachtung der Wissenschaft in höchsten amerikanischen Regierungskreisen salonfähig wird, da mit »alternativen Fakten« Stimmung und Politik gemacht wird – wo bleibt da eigentlich der Aufschrei der Wissenschaft? In Amerika gehen die Professoren auf die Straße; ihre deutschen Kollegen hört man hierzulande noch nicht. [...] Dieses Politikdefizit ist das Signum der Krise, in der sich Teile der academia befinden: einer Krise der Klugen. Sie entzündet sich an der Frage, ob Universitäten in ihrer randständigen Echokammer bleiben oder Zentren gesellschaftlicher Vergewisserung werden wollen. (Hartung 2017)

Man kann diese harsche Kritik als Aufruf zu transformativer Wissenschaft lesen. Die Anfrage reicht jedoch tiefer, als es in den bisherigen Publikationen hierzu entfaltet wird. Es gibt nach meiner Beobachtung im gegenwärtigen, hochausdifferenzierten Wissenschaftsbetrieb einen verbreiteten Leerlauf detaillierter, datengefütterter Studien und Reflexionen, die nicht zu existenzieller Erkenntnis führen und keinen Handlungswillen erzeugen. Die Klage darüber ist nicht neu (vgl. z. B. die auf einen 1912 an der Universität Oxford gehaltenen Vortragszyklus zurückgehenden bildungstheoretischen Analysen: Whitehead 2012). Sie gewinnt jedoch im Kontext der Herausforderungen von Klimawandel und Digitalisierung eine besondere Aktualität und Dringlichkeit (vgl. Nida-Rümelin, Weidenfeld 2018, 150–163). Theologisch könnte man zugespitzt formulieren: Wir wissen nicht, was wir glauben, und **wir glauben nicht, was wir wissen**. Wir verdrängen insbesondere das ökologische Wissen, weil wir es nicht wahrhaben wollen. Die angekündigte Katastrophe erreicht unser Bewusstsein nur oberflächlich, weil wir in den Bequemlichkeiten unseres Alltags gefangen sind und uns deren Verlust einfach nicht vorstellen können. Wir kompensieren dies durch ein schlechtes Gewissen und Moralappelle an die Adresse Dritter. Die Erwartung von Zukunft kommt schleichend abhanden. Sie verflacht in der bloßen Imagination verlängerter Gegenwart. Wir leiden unter mangelndem Realitätssinn, weil die unbequemen Fakten des Klimawandels und der globalen Armut für die meisten Menschen in den westlichen Wohlstandsgesellschaften (noch) abstrakt bleiben und kaum unmittelbar sinnlich erfahrbare Bedeutung gewinnen.

Der französische Philosoph Jean-Pierre Dupuy sieht in »**blinder Reflexivität**« ein zentrales Merkmal der geistigen Verfasstheit gegenwärtiger Gesellschaft und Wissenschaft: »… all das in Frage zu stellen, was wir mit dem Fortschritt in Verbindung zu bringen gelernt haben, hätte so phänomenale Folgen, dass wir das nicht glauben, von dem wir doch wissen, dass es der Fall ist« (Dupuy 2002, 144; vgl. auch Horn 2014, 386; ähnlich Latour 2014 und 2017). Die Wissenschaft steht in einem kommunikativen Dilemma: Weist sie auf ihre unvermeidlichen Unschärfen hin, »dann entwickelt sie eben genau keine appellative Wucht und versäumt es, den Punkt zu machen, dass die Welt den fiktionalen Untergangsszenarien sehr bald sehr ähnlich werden könnte« (Schneider 2019, 4). Die globale Erwärmung ereignet sich als latente, schleichende, nur punktuell wahrnehmbare Katastrophe, die in Kategorien des Wetters wahrgenommen wird, das wir als Schicksal zu betrachten gewohnt sind. Berichte zu Extremereignissen wie Hitzewellen, Stürmen oder Trockenperioden erscheinen als reine Singularitäten. Deren Verdichtung in Zukunftsszenarien wird nicht selten mit einem popkulturellen Schaudern eher als virtuelle Apokalypse denn als Realität eingeordnet (Horn 2014). »Fast scheint es, die Menschheit, die westliche zumindest, habe sich mit Erzählungen so lange abgestumpft (und abgelenkt), bis ihr der Untergang erträglich wird, während er passiert.« (Schneider 2019, 4) Die Apokalypse scheint als Mythos wahrgenommen zu werden und »jede Prognose, die ihr ähnelt, wird genau durch diese Ähnlichkeit unglaubwürdig.

Darin gründet sich der Effekt, den wir gerade erleben. Trägt die Gegenwart tatsächlich (prä-)apokalyptische Züge, ist das nicht wahrnehmbar, beziehungsweise leicht zu verdrängen oder im Kleinen zu rationalisieren.« (Schneider 2019, 4)

Vor diesem Hintergrund erscheint die Krise der Klugen nicht einfach als individuelles Versagen einzelner Intellektueller, sondern tief im neuzeitlichen Konzept von Rationalität und Wissenschaft verwurzelt. Man kann der Diagnose auch eine konstruktive Richtung als Postulat für eine Transformation der Wissenschaft geben: Der zunehmend als harte Realität erfahrbare Klima- und Umweltwandel fordert die Wissenschaften zu einer neuen Rolle heraus: aufzurütteln aus gewohnten Denk- und Handlungsmustern und unter enormem Zeitdruck die Wissensbasis für eine umfassende Transformation der Wirtschafts- und Lebensweise zur Verfügung zu stellen. Dies wird ihr nicht ohne eine Revision des menschlichen Selbstverständnisses gelingen. Das Anthropozän fordert die philosophische Anthropologie zu neuen Reflexionshorizonten heraus. Man kann dies als neue Phase der Aufklärung mit veränderter Stoßrichtung umschreiben (Weizsäcker, Wijkman 2018). Im Fokus steht dabei die Integration des fragmentierten Wissens.

Nachhaltigkeitswissenschaft als Bildungsmethode ist daran zu messen, ob sie zu einer ethisch fundierten Neuorientierung im Anthropozän befähigt und exemplarisch die unterschiedlichen Segmente der dissoziierten Wissenslandschaften verknüpft. Sie zielt darauf, dass sich die Studierenden das Wissen so aneignen, dass es **Urteilskraft und Handlungswillen** erzeugt. Ihr Programm ist »Selbst denken« als »Anleitung zum Widerstand« (Welzer 2013). Man kann dies auch als »emanzipatorische Wissenschaft« umschreiben (Lagasnerie 2018, 101).

Transformationen der Konzepte von Rationalität

Man kann die Krise der Klugen auch als Folge eines verkürzten Verständnisses von Rationalität durch den Verlust des **klassischen Konzepts der Klugheit** deuten (vgl. Kersting 2005): Dieses umfasst ebenso analytische wie normative und alltagspraktische Fähigkeiten. Es verknüpft eine genaue Situationswahrnehmung mit qualitativen Wertmaßstäben, die sich aus Wünschen, Interessen und Überzeugungen ergeben, um verschiedene Handlungsalternativen zu vergleichen und zielführende Entscheidungen zu treffen. Klugheit befähigt individuell und kollektiv, nicht einfach blind den eigenen Präferenzen zu folgen, sondern diese zu beurteilen, zu gewichten, miteinander und mit denen anderer abzustimmen sowie situationsgerecht umzusetzen. Die Klugheit begründet ein Konzept von Rationalität, das den Diskurs über gelingende Lebensführung integriert und als zentrales Moment aller Tugenden zu entschlossenem Handeln befähigt. Sie konstituiert »unsere persönliche Grammatik der Wichtigkeit, Vorzugswürdigkeit und Wünschbarkeit« (Kersting 2005, 10) sowie der Selbstachtung als »evaluatives Gravitationsfeld personaler Identität« (Kersting 2005, 11). Diese ist nach aristotelisch-thomistischer Tradition stets in gesell-schaftliche Verständigungsprozesse über das *bonum commune* eingebunden.

In der Neuzeit wird die Klugheit »aus ihrer lebensethischen Mitte gerückt. Sie verliert ihre ethische Imprägnierung. Sie besitzt nicht mehr den Charakter der Lebensführungskompetenz.« (Kersting 2005, 7) Klugheit wird zur »interessendienlichen Kontingenzbewältigungstechnik. Sie wird auf eine »ethisch neutrale Optimierung von Handlungskonsequenzen« fokussiert und »verliert die Dimension der Aufsicht über die eigene Lebensqualität« (Kersting 2005, 7). Das Allgemeinwohl kann in der Folge nur über die Schnittmengen privater Nützlichkeiten identifiziert werden, was jedoch ein höchst fragiles Konstrukt bleibt, das angesichts der komplexen Herausforderungen des Anthropozäns keine hinreichende Stabilität langfristiger globaler Kooperationen zu erzeugen vermag.

Die Zurückdrängung von umfassenden Konzepten der Vernunft zugunsten von Modellen der formalisierbaren Folgenoptimierung wird durch die **Digitalisierung** erheblich beschleunigt. Die zweiwertige Logik der digital erfassbaren und operationalisierbaren Formen von Rationalität gewinnt auch in den Sozialwissenschaften immer mehr an Dominanz. Die Fiktion der Messbarkeit und quantitativen Vergleichbarkeit innerhalb linearer Logiken führt zu einer »Vereindeutigung der Welt« (Bauer 2018). Dies lässt in der Operationalisierung der SDGs das alte Entwicklungsmodell wieder aufleben, weil dieses der Logik von Vergleichbarkeit und Optimierung entspricht (vgl. Sachs 2018). Für die Wahrnehmung kultureller Eigenheiten und Identitätskonflikte ist im Modell digitaler Algorithmen kein Raum.

Das WBGU-Gutachten »unsere digitale Zukunft« (WBGU 2019) leistet mit seinem Versuch einer »Ganzheitsbetrachtung der Digitalisierung im Kontext der nachhaltigen Entwicklung unserer vielfach bedrohten Zivilisation« (WBGU 2019, 1) eine Pionierarbeit, der auch für das Selbstverständnis der Universitäten erhebliche Bedeutung zukommt. In ausgewogener Weise werden Chancen und Risiken der Digitalisierung skizziert, die das Spielfeld gesellschaftlicher Entwicklung grundlegend verändern: »Die Große Transformation zur Nachhaltigkeit kann nur noch unter diesen sich wandelnden Bedingungen des Digitalen Zeitalters, die von den Architekten der Agenda 2030 kaum berücksichtigt wurden, stattfinden.« (WBGU 2019, 9). Die entscheidende Tiefendimension der Veränderung ist die des Konzepts von Rationalität, die das Selbstverständnis des Menschen im Kern betrifft:

Universelle Intelligenz ist das Alleinstellungsmerkmal des Menschen in der uns bekannten Welt. Mit dem Internet der Dinge (IoT) sowie Methoden von Big Data und KI werden zunehmend technische Systeme geschaffen, die rechnergestützt wahrnehmen, lernen, analysieren, bewerten [...] Solche Systeme könnten vieles verändern – und zwar grundlegend: unser Menschenbild, die Wirtschaft, Arbeitsmärkte,

Lernprozesse, unser Wissen, unseren Umgang mit Technik,
Gesellschaft und Natur [...] [I]m digitalen Anthropozän
schafft sich der Mensch Werkzeuge, mit denen er nun auch
sich selbst fundamental transformieren kann und zwar
durch eine immer engere Mensch-Maschine-Kooperation
mit digitalisierter Technik und das immer engere Zusam-
menspiel mit KI bis hin zu technologischen Dystopien von
»Human Enhancement« als einer technologisch gestützten
Optimierung des Menschen. (WBGU 2019, 9f.)

Die veränderte Form der Organisation des Wissens verwandelt die Tiefenstrukturen unserer Gesellschaften so grundlegend, wie die industrielle Revolution im 19. Jahrhundert. Sie betrifft die Fundamente des Wissenschaftssystems, das damit in umfassender Weise entgrenzt wird. Die Wissenschaft ist zum Katalysator einer so tiefgreifenden Veränderung der Gesellschaft geworden, dass die ethischen Reflexionen hierzu kaum hinterherkommen. Der WBGU schlägt einen »**normativen Kompass**« vor, in dessen Zentrum der Begriff der Würde steht (vgl. WBGU 2019, 3, Grafik). Flankiert wird dieser durch die Maximen der Teilhabe, des Schutzes von Eigenart und Vielfalt sowie Erhaltung der natürlichen Lebensgrundlagen. Letztlich ist dies jedoch nur ein dünner Verweis auf abstrakte Begriffe, die ohne eine wissenschaftsbasierte ethisch-politische Entfaltung für die Handlungsbedingungen der digitalen Zukunft kraftlos bleiben. Wenn sich der Mensch als technikverstärkter »Homo Deus«

(Harari 2017) selbst zum Gott macht, lässt sich die Umwertung aller Werte zugunsten eines Transhumanismus kaum aufhalten. Dann wäre das humanistische Fundament der Universitäten nur noch die Geschichte von gestern.

Verunsichertes Vertrauen in die Vernunft im digitalen Zeitalter

Trumps Beraterin Conway spricht von »alternativen Fakten« (Kusch, Beckmann 2018). Dies ist ein Versuch allgemeiner Verunsicherung, um zu suggerieren, dass es am Ende nicht darum geht, was der Fall ist, sondern lediglich um den Streit unterschiedlicher Meinungen, von denen sich eben manche durchsetzen und andere nicht. Genau das ist eine entscheidende Strategie im Kampf gegen die unbequemen umweltethischen Ansprüche im Kontext des Klimawandels: Man versucht sie loszuwerden, indem man den Realitätsgehalt der dahinterstehenden Wahrnehmungen von Wirklichkeit anzweifelt. Solche Zweifel finden sich keineswegs nur bei Trump und anderen Klimawandelskeptikern (vgl. Rosenberger 2014). In den weltweiten Bewegungen des »Science March« haben Wissenschaftler dagegen protestiert, dass wissenschaftliche Erkenntnisse derzeit in vielen Bereichen gesellschaftlicher Zukunftsgestaltung offensichtlich nicht hinreichend ernst genommen werden.

Julian Nida-Rümelin diagnostiziert eine Verbindung zwischen der Verweigerung, wissenschaftliche Fakten handlungsrelevant zur Kenntnis zu nehmen, und der »**Ideologie des Anti-Realismus**«: »Politisch Mächtige haben zu allen Zeiten versucht, Tatsachen geheim zu halten, mit unüberprüfbaren Behauptungen Einfluss zu nehmen, zu manipulieren und zu verfälschen. Neu ist, dass sie sich dabei der Ideologie des Anti-Realismus in ihrer postmodernen und poststrukturalistischen Variante bedienen.« (Nida-Rümelin 2018, 33) Sie versuchen den Eindruck zu erwecken, es gebe keine Realität, sondern nur medial vermittelte Meinungen. Die neuen digitalen Medien werden geschickt genutzt, um diesen Eindruck zu verstärken. Tatsächlich scheinen sehr viele Menschen ihre Meinungen in **digitalen** »**Blasen**« zu bilden, die gegen Kritik immunisieren, weil sie nur das zur eigenen Vormeinung Passende auswählen und verstärken. Diese Dynamik ist politisch höchst gefährlich und erklärt die tiefe Verunsicherung hinter der vordergründigen politischen Aufregung um die rhetorischen Phänomene des Postfaktischen. Die Verunsicherung der Kommunikation im Zeitalter digitaler Meinungsmanipulation fordert von den Wissenschaften ein aktives Bemühen um solide Information der Öffentlichkeit und die Aufrechterhaltung von Standards der Rationalität.

Innerhalb des Journalismus gibt es eine Strukturparallele zur wissenschaftstheoretischen Debatte hinsichtlich der Frage, ob dieser in der distanzierten Beobachterrolle seine Professionalität wahren oder sich als »**transformativer Journalismus**« stärker engagiert zeigen solle (vgl. oekom 2018; Schächtele 2018;

Meyen 2019). Durch die Logik der Aufmerksamkeitsmaximierung neigt der Journalismus trotz aller Meldungen zum Klimawandel dazu, eher über Neuigkeiten als über grundsätzliche Probleme zu berichten (vgl. Hutter 2017). Die Definitionsmacht der jeweils Herrschenden über die Möglichkeiten und die Grenzen von Diskursen führt dazu, dass tiefere Ursachen des Klimawandels, die gegenwärtige Denkmuster, Leitwerte und Gesellschaftsformen in Frage stellen, tendenziell eher verdrängt werden (vgl. Hutter 2017; Meyen 2019). Bei allem Bemühen um ein neues *framing* und attraktive Narrative des Umweltjournalismus (vgl. oekom 2017) besteht die Gefahr, letztlich doch eher in Grün verpackte Denkgewohnheiten zu bestätigen (vgl. Meyen 2019). Bei aller Kritik sollte jedoch nicht übersehen werden, dass es zumindest in den meisten europäischen Ländern durchaus hohe Qualitätsstandards im Journalismus gibt, die auch transformative Elemente einbeziehen. Die Ursachen, warum in der Öffentlichkeit insbesondere in Zeiten von Wahlkämpfen in der Regel eher kurzfristig gehypte Themen dominieren und dem Klimawandel hier kaum die ethisch gebotene Aufmerksamkeit zukommt, sind vielfältig und liegen in wesentlichen Aspekten sicherlich tiefer als in Problemen der Medienberichterstattung.

Bezogen auf die Ethik geht es auch um die Frage, ob die normative Vernunft lediglich Konvention und eine Frage subjektiver Präferenzen ist, oder ob ihr ein wissenschaftlich zugänglicher Wahrheitsgehalt eignet. Nida-Rümelin veranschaulicht dies an der Frage, ob der Holocaust objektiv moralisch falsch war oder ob dessen Ablehnung nur als kulturell variable Konvention gelten solle (vgl. Nida-Rümelin 2018, 82; zur Diskussion des **moralischen Realismus** vgl. Möllers 2018, 10). Geht man davon aus, dass der Ethik ein auch wissenschaftlich fundierter Wahrheitsgehalt zu eigen ist, dann kann und muss sie auch unbequem sein und darf sich nicht von öffentlichen Meinungen abhängig machen.

Die Verachtung des Expertenwissens im postfaktischen Zeitalter ist eine Herausforderung, die WissenschaftlerInnen schon aus Gründen der Selbstachtung nicht schweigend hinnehmen können. **Die Verachtung der Vernunft untergräbt die Grundlagen unserer Kultur.** Ebenso kulturzerstörend sind selbsterzeugte Systemzwänge, die Politik, Wirtschaft und Gesellschaft daran hindern, das Vernünftige zu tun. Man kann von den AkademikerInnen durchaus mit guten Gründen mehr Widerstand gegen die postfaktisch-populistische Verhöhnung der Vernunft und den Rückfall in nationalistisch fragmentierte Horizontverengung erwarten.

Paradigmenwechsel im Verständnis von Fortschritt

Das Wissenschaftssystem reflektiert Informationen höchst selektiv in spezifischen Codes, die die Komplexität reduzieren und somit Effizienz, Effektivität und Überprüfbarkeit garantieren. Dies ermöglicht Spezialisierung und Dynamisierung, hat jedoch zugleich den Preis einer entsprechend beschränkten Wahrnehmung (vgl. Schneidewind et al. 2013, 88). Teilsystemfremde Nebenfolgen werden produziert, meistens aber nicht erkannt und deshalb auch nicht adäquat bearbeitet. Im Sinne einer reflexiven Moderne (vgl. Beck 1993) wird es jedoch darauf ankommen, gesellschaftliche Nebenwirkungen technischer und sozioökonomischer Innovationen von Anfang an systemisch mitzudenken. Dafür sind die sich rasant wandelnden Wissensgesellschaften auf eine prospektive Verantwortung der Wissenschaftsinstitutionen angewiesen. Letztlich geht es um eine **»kulturelle Revolution«**:

> *[Wir erleben] nicht nur eine Zeit des Wandels, sondern einen regelrechten Zeitenwandel [...] Es geht schließlich darum, »das Modell globaler Entwicklung in eine [andere] Richtung [zu] lenken« und den »Fortschritt neu zu definieren«: »Das Problem ist, dass wir noch nicht über die Kultur verfügen, die es braucht, um dieser Krise entgegenzutreten. Es ist notwendig, leaderships zu bilden, die Wege aufzeigen«. Diese beachtliche und unaufschiebbare Aufgabe verlangt auf der kulturellen Ebene akademischer Bildung und wissenschaftlicher Forschung die großherzige und gemeinsame Anstrengung hinsichtlich eines radikalen Paradigmenwechsels, ja mehr noch – ich erlaube mir zu sagen – hinsichtlich einer »mutigen kulturellen Revolution«. (Franziskus 2017, Nr. 3)*

Das ist ein starker Anspruch: Die Universitäten sollen zu einem Paradigmenwechsel im Verständnis von Fortschritt beitragen. Man kann die hier skizzierte Aufgabe auch mit dem Wissenschaftlichen Beirat Globale Umweltveränderungen als »Große Transformation« für einen neuen Gesellschaftsvertrag umschreiben (WBGU 2011). Dies ist nicht nur das Postulat einiger Wissenschaftler, sondern bereits politische Beschlusslage: Mit den SDGs und dem Klimavertrag von Paris hat sich die Weltgemeinschaft faktisch auf eine solche Revolution verpflichtet. Indem diese Dokumente gleichermaßen die alten und neuen Industrieländer sowie die Länder des Globalen Südens adressieren und die planetaren Grenzen als rahmengebende Leitplanken akzeptieren, **verabschieden sie sich von dem Entwicklungskonzept**, das die UNO bis dahin weitgehend geprägt hat (vgl. Sachs 2018). Allerdings ist dieser Abschied **nicht konsequent** vollzogen, so dass sich in der Spannung zwischen ökologischen und sozioökonomischen Zielen zahlreiche Widersprüche ergeben (vgl. Haber et al. 2016; Maxton 2018, 13–20.55–67). Das Bewusstsein dafür, was die Konsequenzen der SDGs für den Alltag von Politik, Wirtschaft und Gesellschaft wären, scheint noch nicht so recht angekommen. Die damit verbundenen Konfliktpotenziale werden erheblich unterschätzt und harmonisierend eingeebnet.

Die Umsetzung der SDGs ist nicht ohne einen Wandel der kulturellen Muster und Leitwerte der Gesellschaft zu haben. Diese können nicht per Beschluss von oben geändert werden, sondern wandeln sich in der Regel nur allmählich in einem komplexen Zusammenspiel von Wertewandel, institutioneller Gestaltung von Rahmenbedingungen und Pionieren transformativer Praxis. Unverzichtbar sind auf allen Ebenen die von Papst Franziskus angesprochenen *Leaderships*. Deren Kernaufgabe ist das Aufzeigen von Wegen für ein neues Verständnis von Fortschritt. Aber auch personale Qualitäten, die das päpstliche Schreiben nennt, wie charakterliche Integrität, Verwurzelung des Nachdenkens in Kontemplation, Dialogbereitschaft sowie Offenheit für inter- und transdisziplinäres Arbeiten, sind für alle WissenschaftlerInnen relevant.

Als interdisziplinärer Kristallisationspunkt für die Debatte um ein neues Verständnis von Fortschritt hat sich das Konzept der Resilienz etabliert (vgl. Böschen et al. 2017). **Fortschritt ist künftig daran zu messen, ob er von der Natur mitgetragen wird** (vgl. Korff 1997; Vogt 2013b, 357–369). Eine maß- und grenzenlose Erweiterung der Handlungsmöglichkeiten führt angesichts der Unübersichtlichkeit und technischen Potenz spätmoderner Gesellschaft nicht zu einer Optimierung von Freiheit, sondern zu ihrer Aushöhlung durch Beliebigkeit und hohen Kontrollaufwand zur Gewährung sozialer und ökologischer Sicherheit. Gerade im Kontext moderner Technik braucht Freiheit eine »intelligente Selbstbegrenzung« als Schutz ihrer Voraussetzungen und kulturellen Einbettungskontexte (vgl. Illich 1975). Die Janusköpfigkeit von Möglichkeiten und Manipulierbarkeiten wird gegenwärtig angesichts der rasanten

Entwicklungen und vielschichtigen Ambivalenzen der Digitalisierung neu entdeckt (vgl. z. B. in Bezug auf die »transhumanis-
tische Versuchung«: Nida-Rümelin, Weidenfeld 2018, 188–197).
Ohne einen Gleichschritt mit der moralischen Integrität der
Akteure, der rechtlichen Kontrollierbarkeit sowie der kulturellen Kompetenzen zur Deutung und Handhabung der damit verbundenen Wandlungsprozesse werden technische Fortschritte
nicht selten »rückschlägig«. Positiv ausgedrückt: Sie bedürfen
einer Stärkung von moralischer, kultureller und rechtlicher
Kompetenz, um langfristig wohlstands- und lebensfördernd zu
wirken.

4

Exzellenz der Verantwortung

Universitäten als »strukturpolitische Akteure«

Vor dem Hintergrund der vielschichtigen, hier nur knapp skizzierten Debatten möchte ich das Gesagte in einem letzten Abschnitt auf die Rolle der Hochschulen und ein differenziertes Konzept von transformativer Wissenschaft anwenden.

Universitäten stehen einer Vielfalt heterogener Rollenerwartungen gegenüber: Ausbildung einer stetig wachsenden Zahl von Studierenden, ProduzentInnen von innovativem Wissen für die Wirtschaft, Ort des kritischen Denkens. Durch die Vielzahl der Erwartungen entsteht ein erheblicher Druck. Autonomie hilft dabei, die Produktivitäts- und Effizienzpotenziale zu mobilisieren. Häufig ist sie jedoch eine **Scheinautonomie**, da sie lediglich dazu genutzt wird, die faktischen Ressourcenzwänge mit einem Spektrum an naheliegenden Managementinstrumenten, die meist einem betriebswirtschaftlichen Rationalitätsmodell folgen, zu beantworten (vgl. Schneidewind et al. 2013, 84; Müller-Christ 2017, 171; Lagasnerie 2018, 24–27, 33–36). Die Steigerung universitärer Autonomie durch Befreiung von staatlichem und politischem Einfluss mündet nicht selten in eine Vereinnahmung durch andere Teilsysteme (z. B. durch die Wirtschaft als Drittmittelgeber).

Die Sicherung der Autonomie bedarf einer kritischen Auseinandersetzung mit den eigenen institutionellen Handlungsbedingungen. Hochschulen sind strukturpolitische Akteure, d. h. Institutionen, die durch ihr Handeln nicht ausschließlich auf gesellschaftliche Rahmenbedingungen reagieren, sondern mit ihren Strategien auf diese aktiv einwirken (vgl. Schneidewind et al. 2013, 102; vgl. auch Lagasnerie 2018, 82). Dafür müssen sie die multiplen Anforderungen an Hochschulen als Chance ihrer Weiterentwicklung wahrnehmen und zu gesellschaftlichen Brückenbauern zwischen den unterschiedlichen gesellschaftlichen Teilsystemen werden. Autonomie bedeutet, sich im Feld pluraler Ansprüche frei zwischen den Systemen zu bewegen. Dies wird nur gelingen, wenn die Spannungsfelder im Sinne eines intelligenten Dilemma-Managements, einer hohen **Ambiguitätstoleranz** sowie von Transparenz und Glaubwürdigkeit bewältigt und in ein produktives Verhältnis gesetzt werden (vgl. Schneidewind et al. 2013, 86 f.).

Angesichts der Komplexität der ökologischen Herausforderungen, die nur mit wissensbasierten Strategien angemessen erfasst und eingedämmt werden können, sind auch hier die Intellektuellen besonders zu aktivem und öffentlichem Handeln als »*change agents*« herausgefordert.

Wenn der Gedanke der Wissenschaft (und besonders des intellektuellen Feldes) als Sphäre der Diskussion eine Bedeutung haben soll, dann ist die Hinterfragung bestimmter

Strukturen, in denen Wissen produziert wird (und genauso
die Frage, was Wissensproduktion überhaupt heißt), nicht
ein »Angriff auf die Wissenschaft«, sondern im Gegenteil
eine Form des Gebrauchs der wissenschaftlichen Vernunft,
die sich in diesem Falle selbst zum Gegenstand macht, eine
Art der akademischen Praxis, die ihrem Begriff und ihrer
Definition treu bleibt. (Lagasnerie 2018, 81 f.)

Sie ist Ausdruck wissenschaftlicher Selbstreflexivität und
Transparenz hinsichtlich der Klärung der eigenen Voraussetzungen und determinierenden Rahmenbedingungen, Einflussgrößen und Prämissen.

Nachhaltigkeit ist dabei kein extern vorgegebenes und festgelegtes Ziel, sondern ein offener Suchprozess mit heterogenen Zielkomponenten, der sich von daher plural und kulturvariabel gestaltet (vgl. Vogt 2013b, 134–179, 369–372). Sie ersetzt keine normativen Debatten, sondern fordert sie heraus. Voraussetzung dafür ist freilich, dass das Adjektiv »nachhaltig« nicht synonym für »gut« verwendet wird, sondern die dabei relevanten ethisch-kulturellen Leitwerte wie Freiheit, Menschenwürde, Gerechtigkeit oder Wohlstand differenziert reflektiert und die damit verbundenen Zielkonflikte klar benannt werden. Transformative Wissenschaft thematisiert die Bedingungen und Ziele des Forschens. Sie zielt nicht auf eine Aufweichung von Qualitätsstandards zugunsten praktischer Zwecke, sondern auf eine selbstreflexive und **pluralistische Wertdebatte über**

gute Bildung und exzellente Forschung. Dabei versteht sie die Fähigkeit der Wissenschaft, nicht nur Daten zu sammeln, sondern diese auch zu bewerten und Handlungsempfehlungen zu geben, als Exzellenzkriterium. Sie zielt auf eine »**Exzellenz der Verantwortung**«. Diese bewährt sich in der Fähigkeit, die epistemischen und strukturellen Ursachen von Werte- und Gerechtigkeitskonflikten aufzuzeigen und dabei auch Dilemmata zu benennen, zugleich aber auch klare Optionen und Prioritäten zu vertreten.

Nicht zuletzt durch die enorme Zunahme an wissenschaftlichen Publikationen, die mit hohem Aufwand erstellt, aber selten gelesen werden, drohen erhebliche Teile der Wissenschaft zu selbstreferentiell geschlossenen Systemen zu werden, so dass der *scientific impact* als Exzellenzkriterium unzureichend ist und ihm der ***societal impact*** als Qualitätsausweis zur Seite gestellt werden sollte (vgl. Singer-Brodowski, Schneidewind 2019, 27).

Forschen in gesellschaftlicher Verantwortung

2016 haben die Fraunhofer-Gesellschaft sowie die Leibniz- und die Helmholtz-Gemeinschaft den Leitfaden »Forschen in gesellschaftlicher Verantwortung« im Verbundprojekt »Nachhaltigkeitsmanagement in außeruniversitären Forschungsorganisationen« (**LeNa**) publiziert (Fraunhofer-Gesellschaft et al. 2016). Dieser Reflexionsrahmen hat Maßstäbe gesetzt, die auch für Universitäten und Hochschulen fruchtbar gemacht werden können. Er adressiert nicht das »Was«, sondern **das »Wie« der Forschung** und benennt dafür **acht Kriterien**: Ethik, integrative Herangehensweise, Interdisziplinarität, Nutzerorientierung, Reflexion von Wirkungen, Transdisziplinarität, Transparenz und Berücksichtigung von Komplexität und Unsicherheit. Stärken des LeNa-Leitfadens sind seine große Ausgewogenheit sowie seine Praxistauglichkeit im Blick auf konkrete Kriterien für den Alltagsprozess des Forschens. Er hat jedoch eine systematische Schwäche: Es ist unzureichend, Ethik als eines unter vielen Kriterien einzuordnen. **Ethik hat mit der Argumentationsstruktur des Ganzen zu tun.** Sie ist kein Einzelaspekt, sondern ein Reflexionsrahmen für die Bewertung des Ganzen. Ein zweites Problem des Leitfadens ist, dass sein sehr weit gefasster Titel »Forschen in gesellschaftlicher Verantwortung« den Umkehrschluss nahelegt, als sei jede Forschung, die den Leitfaden nicht anwendet, unverantwortlich. Das ist sicherlich nicht intendiert und wäre anmaßend. Ein dritter Aspekt, der für die Anwendung des Konzepts auf Hochschulen und Universitäten weiterzudenken wäre, ist die Lehre als gleichberechtigter und integraler Bestandteil ihres Selbstverständnisses.

Transformative Wissenschaft hat auch die Aufgabe, den Studierenden zu helfen, ihr Reflexionspotenzial zu stärken und mit ihnen gemeinsam Handlungswissen für die Schlüsselprobleme ihrer jeweiligen Zeit zu erarbeiten (vgl. Müller-Christ 2017, 162; vgl. auch Klafki 2007, der Bildung zentral als Befähigung des Umgangs mit »epochaltypischen Schlüsselproblemen« denkt).

Wie dies gelingen kann, ist ein eigenes Thema, auf das ich im Rahmen der hier auf Forschungsethik fokussierten Reflexion nur verweisen kann. Ein solcher Verweis ist jedoch notwendig und integral mitzudenken, wenn man an der Humboldt'schen Idee der Universität als **Einheit von Forschung und Lehre** festhält. Kluge und verantwortungsfähige StudienabsolventInnen sind eine unverzichtbare »Ressource« moderner Wissensgesellschaften. Da die Studierenden die ersten Adressaten des an den Universitäten und Hochschulen erzeugten Wissens sind, müssen sich die Modelle transformativer und emanzipatorischer Wissenschaft stets in besonderer Weise an ihnen bewähren. Das wird nur gelingen, wenn die Studierenden nicht bloß als passive RezipientInnen des Wissens in den Blick genommen, sondern zunehmend auch partizipativ in die Erzeugung und Kommunikation des Wissens einbezogen werden. Transformative Wissenschaft und transformative Bildung gehen Hand in Hand.

Wenn man Denken als Fähigkeit zu kritischer Reflexion interpretiert, dann ist es stets fragend und unbequem. Nachdem sich die Nachhaltigkeitsdebatte in den vergangenen Jahrzehnten häufig in der Gestalt eines auf Kompromisse ausgerichteten, nicht selten in seiner Tiefenstruktur verharmlosten und gezähmten Diskurses präsentierte, wendet sich derzeit die Stimmungslage wieder hin zu radikaler Kultur- und Systemkritik. In dieser Situation ist die Stimme einer Wissenschaft, die **nüchtern komplexe Argumente abwägt** und sachlich bleibt, ohne Konflikte zu verharmlosen, umso mehr gefragt.

Konzeptionell ist das Programm »Forschen in gesellschaftlicher Verantwortung« der Nachhaltigkeitsdebatte und den Herausforderungen des Wissenschaftssystems durch den Klimawandel zuzuordnen und erhält erst durch diesen Zusammenhang seine besondere gesellschaftliche und methodische Brisanz. Dabei ist es sinnvoll, zwischen **drei Arten der Nachhaltigkeitsforschung** zu differenzieren:

1. Nachhaltigkeitsforschung im weiten Sinn betrifft Einzelfragen der Nachhaltigkeit, z. B. zu Klimawandel, regenerativer Energie oder Biodiversität. Diese bilden den größten Teil der Nachhaltigkeitsforschung.

2. Nachhaltige Forschung als Forschungsprozess, der den Standards des Leitbilds gerecht wird, z. B. hinsichtlich des Umgangs mit natürlichen Ressourcen, des Tierschutzes oder der Sozialverträglichkeit.

3. Nachhaltigkeitsforschung im engen Sinn als Forschung zur Kohärenz des Konzepts und seiner normativen Logik. Diese ist wesentlich eine Logik der Integration, Inklusion und Balance, der Abwägung zwischen heterogenen Zielen sowie der strategischen Vernetzung unterschiedlicher Handlungsfelder und -ebenen. Gefordert ist hier eine ethische Reflexion, die gerade nicht bei der Behauptung von Synergien stehen bleibt, sondern Konflikte und *trade offs* analysiert, Prioritäten reflektiert, Kriterien für sachgerechten Entscheidungen in unterschiedlichen Kontexten definiert und Verfahren für den Umgang mit Dissens etabliert. Von zentraler Bedeutung

ist dabei die Vermittlung zwischen den unterschiedlichen Logiken der gesellschaftlichen Teilsysteme.

Der Schwerpunkt des Konzepts »Forschen in gesellschaftlicher Verantwortung« liegt im zweiten Bereich: Es entfaltet vor allem Standards für den Prozess des Forschens. Aber auch die beiden anderen Dimensionen sind keineswegs ausgeschlossen, denn der Anspruch eines zeitgemäßen Verständnisses von Verantwortung lässt sich nicht auf einige formale Kriterien des Forschens eingrenzen. Er fordert, sich auch inhaltlich auf je eigene Weise mit den *grand challenges* auseinanderzusetzen.

Neugestaltung von Diskursräumen

Transformative Wissenschaft relativiert den Stellenwert der disziplinären Fachcommunity als Abgrenzung diskursiver Räume und Zugehörigkeiten. Die vermeintliche Autonomie und Neutralität durch fachbezogene Zugehörigkeit erzeugt nach de Lagasnerie eine dualistische Zwei-Welten-Konstellation, einerseits die der akademischen Fachdiskurse und andererseits jene der Öffentlichkeit in Medien, Politik und Gesellschaft (vgl. Lagasnerie 2018, 94). Emanzipatorische Wissenschaft überwinde diesen Dualismus, indem sie im gemeinsamen Ringen um Gerechtigkeit situativ Diskussionsräume erzeuge und **ein inklusives Verhältnis von Intellektuellen zu Politik und Öffentlichkeit** herstelle:

Die Neugestaltung unserer Diskussionsräume, unserer Wahrnehmung von Nähe und Distanz kann sich natürlich nicht auf den Raum von Wissen und Kultur, also auf den Raum der Produzenten symbolischer Güter beschränken. Die Frage nach der Form der Räume für Gespräche und Diskussion ist offenkundig sehr wichtig. Aber eine spezifische und eigenständige ist sie gleichwohl nicht. Wenn es stimmt, dass eine intellektuelle Ethik dazu führt, all diejenigen als Teil unserer Räume des Gesprächs und der Zugehörigkeit zu bestimmen, die sich die Infragestellung der Welt zur Aufgabe gemacht haben, dann beschränkt sich diese Art des Einschlusses der Praxis nicht auf intellektuelle und kulturelle Produzenten. Sie gilt gleichermaßen und unmittelbar auch für Akteure, die in der Öffentlichkeit eine oppositionelle Praxis entfalten. Aus demselben Grund, der eine Emanzipation der Form Disziplin erfordert, mündet die ethische Hinterfragung in die Formulierung eines inklusiven Verhältnisses von Intellektuellen zu Politik und Öffentlichkeit. (Lagasnerie 2018, 102)

Man kann die Neujustierung der Beziehung zwischen Wissenschaft und Gesellschaft auch als Überwindung einer Zwei-Zeiten-Chronologie umschreiben. Das alte Modell sieht zunächst eine »interne«, der jeweiligen Disziplinen vorbehaltene Diskussion und Wissenserzeugung vor, der dann in einem zweiten Schritt eine Begegnung mit der »Außenwelt« in einem wie immer gearteten Dialog gegenübergestellt wird (vgl. Lagasnerie 2018, 102). Modelle der »*public science*« (Beck 2007, 91 f.), »*citizen science*« (Finke 2014; Forschungswende 2018) und der »dialogischen Wissenschaft« (Müller-Christ 2017, 166 f.) verstehen die Öffentlichkeit sowie das Alltags- und Praxiswissen der vermeintlichen Laien als stets im Prozess der Wissenserarbeitung präsent. Daraus ergebe sich ein »heterogene[r] geistige[r] Raum, […] dem Aktivisten, Künstler, Schriftsteller und Autoren mit unterschiedlichsten Horizonten angehören« (Lagasnerie 2018, 103), in dem das Denken stattfinde und der einen öffentlichen Außenraum darstelle, auf den sich Wissenschaft beziehe, bevor sich die Praxis des Wissens herausbilde.

Der **Strukturwandel der Öffentlichkeit durch die digitalen Medien** verändert dabei auch die Art und Weise, wie Wissenschaft betrieben und kommuniziert wird (Zentrum Digitalisierung Bayern 2018). Dabei stellen sich grundlegende Fragen, sowohl praktischer Art hinsichtlich von Datenschutz, Transparenz und der Suggestionsmacht digitaler Algorithmen, als auch philosophischer Art hinsichtlich des menschlichen Selbstverständnisses angesichts zunehmend in Teilbereichen überlegener Funktionsleistungen der Künstlichen Intelligenz (vgl. Nida-Rümelin, Weidenfeld 2018). Eine gerechte, inklusive und humane Bewältigung der vielschichtigen radikalen Umbruchprozesse, die mit der Digitalisierung verbunden sind, braucht neue Diskursräume im Dialog zwischen wissenschaftlicher, gesellschaftlicher, unternehmerischer und politischer Praxis. Nur so kann das komplexe Expertenwissen in der nötigen Weise einbezogen werden, ohne in eine Expertokratie, die Strohschneider zurecht ablehnt (vgl. Strohschneider 2014, 190), zu münden. Die Digitalisierung bietet zahlreiche Innovationschancen, ohne die die beschleunigte Anpassung an die Herausforderungen des Klimawandels kaum zu leisten sein wird (vgl. Lindner et al. 2016).

Citizen Science bedeutet nicht, dass der Unterschied zwischen spontanem, bürgerschaftlichem und wissenschaftlichem Wissen nivelliert wird: Wissenschaftler suchen auch in gesellschaftlichen Praxiskontexten immer nach dem, was sonst keiner sieht. Durch ihre wissenschaftliche Perspektive entdecken sie neue und unbequeme Fragen (vgl. Lagasnerie 2018, 104–106). »Wenn wir den Gedanken der akademischen Disziplin als Gemeinschaft aufgeben und uns zu ethischen Räumen des Gesprächs bekennen, geben wir keineswegs Forschung und Wissenschaft auf, sondern bekräftigen sie, denn sie sprechen wir ja an – wer andere anspricht, muss auch etwas ansprechen wollen. Um miteinander zu sprechen, muss man etwas zu sagen haben.« (Lagasnerie 2018, 106) Da bei ethischen Fragen immer auch die Urteilskraft der Alltagserfahrungen eine wesentliche Rolle spielt und Fragen der Nachhaltigkeit stets auch eine ethische Dimension haben, sind hier die verschiedenen Modelle der Bürgerwissenschaft von besonderer Bedeutung.

Der methodisch am differenziertesten ausgearbeitete und seit langem etablierte Leitbegriff für die Neugestaltung wissenschaftlicher Diskursräume ist Transdisziplinarität (grundlegend bereits Mittelstrass 2003). Dabei sind drei Aspekte leitend (vgl. Nanz, Renn 2017; Renn 2018, 46):

- Forschungspraktiken, die ihre Untersuchungsgegenstände, Methoden und Fragestellungen an gesellschaftliche Problemlagen anpassen;
- disziplinenübergreifende Erarbeitung von Analysen und Handlungsoptionen unter Einbeziehung von Erfahrungswissen über Kontextbedingungen und die Geltungsbereiche in der Praxis;
- Einbindung von Wissensträger(inne)n außerhalb der Wissenschaft über alle Phasen des Erkenntnis- und Forschungsprozesses hinweg, um praktisch umsetzbare und gesellschaftlich akzeptierte Lösungsvorschläge zu entwickeln.

Transdisziplinarität ist ein **Hybrid von drei Konzepten der Wissenschaft**: dem klassischen, das mit Hilfe systematischer Analysen komplexer Zusammenhänge Orientierungshilfe anbietet, dem instrumentellen, das zielbezogen mit Hilfe von Szenarien problemlösende Handlungsoptionen formuliert, und dem katalytischen, das auf der Basis eines prozeduralen Designs ko-creativ zur Steuerung von Entscheidungs- und Kommunikationsprozessen beiträgt (Renn 2019, 49 f.). Der Erfolg wissenschaftlicher Gesellschafts- und Politikberatung zu den aktuellen Transformationsprozessen und Governance-Problemen im Kontext von Klimawandel, Digitalisierung und Nachhaltigkeit hängt wesentlich davon ab, ob eine Synthese dieser drei Strategien auf dem Niveau von »high quality knowledge« (Bremer

2013) gelingt und sich **Wissenschaft als** »honest broker« (Grunwald 2018), als ehrliche Maklerin der Vermittlung in komplexen Konfliktlagen etabliert. Voraussetzung dafür ist, dass sie kommunikative Intelligenz in heterogenen Diskursräumen als integralen Bestandteil ihres Selbstverständnisses und ihrer Arbeitsmethode pflegt und fördert.

Um diese anspruchsvolle Rolle angemessen wahrnehmen zu können, braucht transformative Wissenschaft Orte und Arenen, in denen ihre gesellschaftlich produktive Wirkkraft erfahrbar wird und erprobt werden kann (vgl. Singer-Brodowski, Schneidewind 2019, 27 f.). Ebenso sind institutionelle Innovationen und Ressourcen wichtig, um die starken Beharrungskräfte im Wissenschaftssystem zu überwinden und die transdisziplinären Diskursräume mehr als bloß punktuell oder unter Qualitätsverlust zu erschließen (vgl. Bohunovsky 2019, 64). Schließlich geht es nicht zuletzt um ein gewandeltes Selbstverständnis der Wissenschaft als Kompass für eine wissens- und wertebasierte Katalysatorfunktion in den vielschichtigen Transformationsprozessen der gegenwärtigen Weltgesellschaft (vgl. Schneidewind 2018).

In der **Neuvermessung der Diskursräume** der Wissenschaft kann die **Theologie eine wichtige Gesprächspartnerin** sein, insofern sie durch ihre Verbindung zur Kirche seit Jahrhunderten auf einen transformativen Anspruch zugunsten einer gerechten und solidarischen Gesellschaft angelegt ist (vgl. Vogt 2013b, 16–107, 482–494; Vogt 2016; Vogt 2018a, 58–76). Im Ringen zwischen Autonomie und (vermeintlicher) Verantwortung ist Theologie die Wissenschaft, die die größte historische Erfahrung mitbringt, zugleich aber auch den vielleicht dringlichsten aktuellen Klärungsbedarf hat (vgl. Wissenschaftsrat 2010; Goertz 2014; Franziskus 2017). Durch ihren engen Bezug zu Kirche und Gesellschaft sowie zu Philosophie und angrenzenden Sozial- und Sprachwissenschaften ist Transdisziplinarität eines der markantesten wissenschaftstheoretischen Merkmale der Theologie.

Gemeinsam ist den Konzepten transdisziplinärer Forschung und transformativer Wissenschaft das Ziel, »das Verhältnis von Wissenschaft und Gesellschaft zu beleben und mit Vorschlägen für politische Innovationen zur Förderung von Nachhaltigkeitsforschung zu unterstützen« (Singer-Brodowski, Schneidewind 2019, 26). Es geht um das Selbstverständnis der WissenschaftlerInnen sowie um institutionelle Fragen des Wandels und der Ressourcenverteilung. Es geht um den *scientific impact* in Verbindung zum *societal impact* (Singer-Brodowski, Schneidewind 2019, 27), um die **Rolle von Wissenschaft in deliberativen, auf Vernunft angelegten Demokratien** (vgl. Grunwald 2018). Man kann die verschiedenen Konzepte auch ganz einfach als Wissenschaft im Dienst an der Gesellschaft zusammenfassen.

Aufklärung 2.0

Der Nachhaltigkeitsdiskurs mündet in eine philosophisch-wissenschaftstheoretische Reflexion auf die epistemischen und **ethisch-politischen Grundlagen des Projekts der Moderne**, die gegenwärtig fragil geworden sind und daher einer Weiterentwicklung bedürfen. Es wird darauf ankommen, dabei den menschenrechtlichen Universalismus nicht aufzugeben, zugleich aber sensibler zu werden für kulturelle Kontexte und ökologische Voraussetzungen, die für seine konkrete Wahrnehmung oft entscheidend sind. Ebenso wichtig ist eine kritische Revision der Vorstellungen von Rationalität, Raum und Zeit sowie Freiheit und politischer Steuerung, die dem Projekt der Moderne zugrunde liegen.

Ernst Ulrich von Weizsäcker und Anders Wijkman postulieren hierfür eine »Aufklärung 2.0« (Weizsäcker, Wijkman 2018), die sie als **Aufklärung »für eine volle Welt«** kennzeichnen. Deren Kern ist – so die Autoren – eine methodisch kontrollierte Reflexion über die epistemischen und normativ gehaltvollen Prämissen jeder Wissenschaft, auch der vermeintlich wertfreien. Grundlegend für das Gelingen einer solchen Aufklärung 2.0 ist eine neue Qualität des **Gesprächs zwischen Natur- und Geisteswissenschaften**, die seit vielen Jahrzehnten in »zwei Kulturen« gespalten sind (vgl. Snow 1993). Eine Aufklärung über die Voraussetzungen und Grenzen der unterschiedlichen Modelle von Rationalität in den Wissenschaften ist der entscheidende

Exzellenz der Verantwortung

Impuls für interdisziplinäre Diskursfähigkeit. Das lange vor-
herrschende Modell von Aufklärung und Rationalisierung als
linear zunehmende Säkularisierung und »Entzauberung« wird
hinterfragt (vgl. dazu in Auseinandersetzung mit Max Weber
und Ernst Troeltsch: Hellmich 2013; Joas 2017). Aufklärung 2.0
strebt danach, die Einheit von Vernunft und Glaube, die für die
Gründung der Europäischen Universitäten eine zentrale Leit-
idee war, in verändertem Kontext als Impuls für ein umfassen-
des Verständnis von Rationalität wiederzugewinnen (Gerhard
2017; Weizsäcker, Wijkman 2018, 179–190).

Da es bei den aktuellen Herausforderungen globaler Entwicklung in ihrer Tiefendimension um grundlegende Fragestellungen sowie Menschen- und Weltbilder geht, spielen theologische
und religiöse Aspekte eine konstitutive Rolle, z. B. hinsichtlich
der Vorstellungen von Fortschritt, Wohlstand, Lebensqualität
und gesellschaftlichem Zusammenhalt, von Natur und dem
Sinn der Geschichte sowie den Quellen von Verantwortung
und Moral. Die Bedeutung einer **aufgeklärten Theologie in
einer pluralistischen Öffentlichkeit** und Wissenschaftskultur
erschöpft sich dabei nicht in einer aktualisierenden Revision
des religiösen Orientierungswissens. Im Interesse aufgeklärter
Vernunft muss die Theologie ihre Stimme auch gegen einen
falschen öffentlichen Religionsgebrauch erheben, vor allem
gegen eine religiöse Selbstüberhöhung des Politischen, Ökologischen oder Ökonomischen. Gerade angesichts der ökologischen Herausforderungen äußert sich der religiöse Faktor

in »postsäkularen Gesellschaften« (Habermas 2001) bisweilen, indem der Natur ein quasi religiöser Status zugesprochen und Ökologie als »**grüne Religion**« unmittelbar mit Sinnstiftungsanspruch verknüpft wird (Bolz 2019). Hier kommt dem interdisziplinären Gespräch zwischen Theologie, Philosophie u. a. Geistes- oder Sozialwissenschaften die Aufgabe zu, zwischen »neomythischen« Denkweisen und einem kritischen Bewusstsein der wechselseitigen Verwiesenheit von Vernunft und Glaube zu unterscheiden (Habermas 2001; Gerhard 2017). Auch die nicht selten unterschwellig anzutreffende **Gleichsetzung von Freiheit mit Marktfreiheit**, des *Homo-oeconomicus*-Modells mit einem Menschenbild oder der Gewinnmaximierung mit Sinnstiftungsansprüchen fordert die Wissenschaften zu einer Aufklärung 2.0 heraus – zuerst die Ökonomie selbst, die dringend einer Reflexion ihrer eigenen Axiome bedarf, ebenso aber auch beispielsweise Philosophie, Politikwissenschaft oder Theologie. Solche Abgrenzungen sind in gleicher Weise eine wissenschaftstheoretische wie eine kulturelle Aufgabe. Sie bedürfen neuer Formen und Foren des transdisziplinären Dialogs.

Aufklärung 2.0 deckt Ambivalenzen der Moderne auf, die beispielsweise in dem Versuch liegen, die Identität des Menschen von der Selbstsetzung eines isolierten, punktförmigen Selbst zu erwarten und nicht als Resultat eines durch andere und anderes vermittelten und auf das Offene eines absolut Anderen verwiesenen Selbstverhältnisses (Taylor 1994, 288–290). Die kritische

Auseinandersetzung mit dem »**anthropischen Prinzip**« des modernen Idealismus (Welsch 2012), das den Menschen in den Mittelpunkt stellt und sich in dem nun schon fast 50 Jahre anhaltenden ethisch-wissenschaftlichen Streit um die Anthropozentrik spiegelt, ist eine unverzichtbare Tiefendimension der geistigen und moralischen Neuorientierung im Umbruch der späten Moderne.

Die Zuordnung von empirischen, normativen und transformativen Anteilen des Wissens muss in neuer Weise reflektiert werden, wenn die Wissenschaft nicht nur Faktenwissen, sondern ebenso Urteils- und Handlungskompetenz fördern will (vgl. Vogt 2013a; Schneider, Vogt 2018; Möllers 2018, 436–456). Es braucht eine **Ethik des Wissens, die die unterschiedlichen Formen von Rationalität stärker miteinander ins Gespräch bringt**. Nur so können die Universitäten umfassende Bildung im Anspruch echter, weltoffener *universitas* garantieren sowie »für die zunehmend komplexer werdenden Zukunftsfragen um Mensch, Gesellschaft, Kultur, Umwelt und Technologie fächerübergreifend problemorientierte Lösungsansätze entwickeln« (Huber 2019). Eine selbstreflexiv aufgeklärte Wissenschaft richtet den Blick immer auch auf die stets mit kontingenten Perspektiven, Interessen und Voraussetzungen verbundene institutionelle Einbettung der Wissensgenerierung und -rezeption. Es steht ihr gut an, dem alten Konzept der *phronesis* (Klugheit) als einer wertgeleiteten und kontextsensitiven Urteilskraft wieder mehr Raum zu geben. »Wer über Klugheit verfügt, besitzt eine Umsetzungsfähigkeit oder eine Operationalisierungskompetenz, die es versteht, einen allgemeinen Habitus (wie den der Gerechtigkeit) auf eine konkrete Situation zu übertragen.« (Horn 2005, 65)

Eine Möglichkeit der Umsetzung einer solchen Aufklärung 2.0, die auch kritisches Werte- und Geschichtsbewusstsein einschließt, wäre eine philosophisch-erkenntnistheoretische Auseinandersetzung mit den grundlegenden Modellen des jeweiligen Fachs am Beginn aller Studiengänge. **Jedes Studium sollte mit Begriffsschulung, Denken-Lernen und Aufklärung über die normativen Prämissen der fachspezifischen Leitmodelle beginnen.** Man könnte hierfür auch eine Art philosophisch-ökologisches *studium generale* an verschiedenen Hochschulen und Universitäten einrichten, das eine erkenntnis-, umwelt- und sozialwissenschaftliche Einführung in Nachhaltigkeitswissen bietet, sich an StudienanfängerInnen richtet und von dem fachspezifisch einzelne Module für das Weiterstudium in unterschiedlichen Fächern anerkannt werden könnten. Tübingen und Lüneburg sind Vorreiter. Gerade mit Blick auf die vielen AbiturientInnen, die nur wissen, dass sie studieren wollen, aber noch nicht, welches Fach es sein soll, ermöglicht dies eine attraktive Orientierungsphase. Die Neuordnung des BAföG im Zusammenwirken der Länder mit dem Bund bietet die Chance, ein solches hochschulinternes Vorbereitungsjahr als studienrelevant und Regelförderzeit verlängernd einzustufen. Es ist zu erwarten, dass es die Quote der StudienwechslerInnen und -abbrecherInnen senken würde, was auch volkswirtschaftlich ein deutlicher Gewinn wäre. Zugleich käme es den Fachstudien entgegen, in denen häufig der Wunsch nach mehr Kompetenz im eigenständigen, methodisch-reflektierten Denken als Voraussetzung für ein sinnvolles Studieren zu hören ist.

Ein solcher Ansatz fördert **Verantwortung *in* den Wissenschaften,** anstatt die Ethik auf eine Rolle als nachgeschaltete »Spielverderberinstanz« zu verweisen, die lediglich bei kritischen Anwendungen moralinsauer verbietend den Zeigefinger erhebt. Ein gelungenes Beispiel für den Ansatz einer Ethik in den Wissenschaften ist das 1990 gegründete Internationale Zentrum für Ethik in den Wissenschaften (IZEW; www.uni-tuebingen.de/-einrichtungen/zentrale-einrichtungen/internationales-zentrum-fuer-ethik-in-den-wissenschaften/das-izew/) der Universität Tübingen, das beispielsweise im Rahmen des Projekts »HochN. Nachhaltigkeit an Hochschulen« (www.hochn.uni-hamburg.de) einer der maßgeblichen konzeptionellen Impulsgeber ist. Auch am Münchner Kompetenzzentrum Ethik (MKE) gibt es mit Forschungsschwerpunkten zu »Public Health«, »Social Progress and Human Enhancement«, »ComplexEthics«, »Global Individual Resposibility« sowie mit gesellschaftlichen Kooperationen für eine Stärkung der Praxisanbindung in der ethischen Ausbildung viele Initiativen, die sich als Elemente einer transdisziplinären Nachhaltigkeitswissenschaft ausbauen und einbinden ließen (vgl. www.kompetenzzentrumethik.uni-muenchen.de/index.html).

Die ethisch-philosophische Schulung von kritischem Denken ist eine Kernkompetenz der selbstreflexiven Aufklärung 2.0.

»Die Freiheit, frei zu sein«

Die Akzeptanz der Nachhaltigkeit hängt wesentlich davon ab, ob sie bloß als Einschränkung von dem her gedacht wird, was wir alles nicht dürfen, oder ob sie als **Handlungsermächtigung durch langfristig denkende Vernunft, Kooperation und Fairness** verstanden wird. Das entscheidende Problem der globalen Nachhaltigkeitsdebatte scheint gegenwärtig nicht der Streit um inhaltlich unterschiedliche Zielbestimmungen zu sein, sondern viel grundlegender die Frage, wie moralischen Ansprüchen angesichts der Dominanz partikulärer Interessen überhaupt Geltung verschafft werden kann. Fixiert auf Inhalte fehlt es am Nachdenken darüber, was Normen sind und wie sie wirken (Möllers 2018, 9–20). Der Sinn der Normen ist nicht die Angabe von moralischen Gründen, wenn es an Sachgründen und Interessen für bestimmtes Handeln fehlt, sondern die Ermöglichung von Freiheit durch eine gewisse Distanz zur Welt des Faktischen: Normen sind »soziale Praktiken […], in denen sich eine Gemeinschaft von der eigenen Realität distanziert« (Möllers 2018, 15).

Nachhaltigkeit als Handlungsermächtigung kann man analog zum Konzept der Befähigungsgerechtigkeit denken, wie es Amartya Sen und Martha Nussbaum vertreten (»development as freedom«, »capabilities«). **Nachhaltigkeit ist Befähigung zu Freiheit.** Sie sorgt sich darum, dass möglichst viele Menschen nicht nur Freiheits- und Menschenrechte haben, sondern sie auch ausüben können, indem sie deren ökologische, soziokulturelle und ökonomische Voraussetzungen für alle – einschließlich künftiger Generationen sowie der Menschen im Globalen Süden – zu sichern sucht. Durch den Bezug auf die Praxis von Grundfähigkeiten wird Freiheit konkret. In Anlehnung an Sen könnte man dies programmatisch als »sustainablity as freedom« umschreiben: Nachhaltigkeit sichert Freiheit in Bezug auf heute zunehmend entscheidende Voraussetzungen ihrer konkreten Wahrnehmbarkeit. Das gilt auch für die Universitäten: Das Engagement für Nachhaltigkeit ist Vollzug der Freiheit von Forschung und Lehre durch die Sicherung wesentlicher gesellschaftlicher und ökologischer Voraussetzungen dieser Freiheit. Insofern Freiheit immer auf Reziprozitätsbeziehungen bezogen ist und damit auf Gerechtigkeit, Gleichheit und Demokratie, besteht ein konstitutiver Zusammenhang von Freiheit und Ethik. Die ethische Substanz der Nachhaltigkeit ist nicht ohne einen differenzierten Freiheitsbegriff zu denken.

Freiheit ist ein Relationsbegriff, der der Bezüge, Kontexte und Zusätze bedarf, um inhaltlich gefüllt zu werden und konkrete Bedeutung zu gewinnen. Sie ist auf die Überwindung von Begrenzung bezogen und setzt ein Selbstverhältnis voraus, das dem Wollen der Freiheit ein Ziel gibt (vgl. Vogt-Spira 2019). Sie konkretisiert sich als Freiheit von Fremdbestimmung und als Herrschaft über sich selbst (Kirchhof 2018, 17–48). Das gilt auch für die Hochschulen: Sie sind konstitutiv mit der Idee von Autonomie nach außen und innen verknüpft, weil Bildung und kritisches Denken im Medium der Freiheit geschehen. »Freiheit ist unser System«, formuliert die Allianz der Wissenschaftsorganisationen programmatisch in ihrer gleichlautenden Kampagne anlässlich des 70jährigen Jubiläums des Grundgesetzes, und unterlegt dies in ihrem Abschlussmemorandum mit zehn Thesen zur Wissenschaftsfreiheit, die die Intentionen des hier vorgelegten Essays vom Freiheitsbegriff her in hervorragender Weise ergänzen und auf den Punkt bringen (Allianz der Wissenschaftsorganisationen 2019). Von ihrem Selbstverständnis her müssen die Universitäten, Hochschulen und Forschungseinrichtungen das Modell einer freiheitlichen Gesellschaft, das gegenwärtig durch den weltweiten Vormarsch autoritärer Regime zurückgedrängt wird, verteidigen. Als führende Bildungsinstitutionen sind sie selbst ein wesentliches Element freiheitlicher und demokratischer Gesellschaften. Diese können sie am besten verteidigen, wenn sie Freiheit und Verantwortung verknüpfen, indem sie sich sich auf autonome Weise, d. h. auf der Grundlage eigener, unabhängiger Urteilskompetenz für gesellschaftliche Aufgaben in Dienst nehmen lassen.

Freiheit ist nicht Unverbindlichkeit, sondern gewinnt Gestalt als **»beherzte Freiheit«** (Kirchhof 2018). Diese ist bereit, im Einstehen für die eigenen Überzeugungen Nachteile in Kauf zu nehmen. Es braucht Widerständigkeit gegen die Verkürzung des Menschlichen durch die Dominanz von Kommunikationsformen, die allein von Macht und ökonomischen Anreizen geprägt sind. Die Aufgabe der Wissenschaft ist es, durch die dem Denken eigene Zwecklosigkeit hierzu ein Gegenpol zu sein und die Freiheit des Perspektivenwechsels aktiv zu verteidigen. Es reicht nicht, die Sorge um Freiheit dem Staat zu überlassen. Liberalität braucht eine **Kultur der Freiheit.** Dazu können die Hochschulen zentrale Elemente beitragen durch Distanz zum Alltag, Möglichkeitssinn, spielerische Muße, Aufmerksamkeit für das Ungewisse, Selbstdisziplin, eine Kultur des Maßes sowie durch Kritikoffenheit und ständige Lernbereitschaft (vgl. Kirchhof 2018, 53–62). Freiheit ist oft unbequem, weil sie mit der Not von Entscheidung, der Last der Verantwortung und der Pflicht zur Bildung verbunden ist. Sie gewinnt ihre Stärke in der Kraft zur Bindung. Hochschulen sind ein Ort, um solche Freiheit einzuüben. Auch Bildung für Nachhaltigkeit lässt sich als Einführung in eine Kultur der Freiheit verstehen.

Freiheit entsteht durch die Wahrnehmung von Verantwortung (vgl. Vogt 2016 mit Bezug auf den jüdischen Religionsphilosophen Levinas) sowie die Einübung von unabhängigem und widerständigem Denken. Hannah Arendt definiert »Die Freiheit, frei zu sein« (Arendt 2018) nicht als Abwesenheit von Furcht und Einschränkungen, sondern, im Sinne des aristotelischen Verständnisses des **Menschen als *zoon politikon,*** als Beteiligung am politischen Prozess. Dies ist ganz wesentlich auch eine Aufgabe der Bildung, und zwar nicht nur individuell, sondern auch institutionell. Freiheit und Autonomie können die Universitäten und Hochschulen nur sichern, wenn sie als strukturpolitische Akteure ihre eigenen Handlungsbedingungen aktiv mitgestalten. Die eklatante Diskrepanz zwischen Wissen und Handeln in Zeiten des Klimawandels fordert sie zu **neuen Formen der Verknüpfung von Forschung, Bildung, Praxis und gesellschaftlicher Kommunikation** heraus. Diese zielen auf eine Befähigung zur unabhängigen Analyse und katalytischen Mitgestaltung des gesellschaftlichen Wandels. Wissen, das sich selber ernst nimmt, strebt nach einer Verringerung der Diskrepanz zwischen kritischem Denken und alltäglichem Handeln; es hat insofern immer auch eine ethische Dimension. Eine solche transdisziplinäre Ethik des Wissens gehört in Zeiten des Klimawandels zu den vornehmsten Aufgaben der Universitäten und Hochschulen.

Literatur

Adorno, Th. W. 2003. Einleitung zum »Positivismusstreit in der deutschen Soziologie«. In: Gesammelte Schriften, Bd. 8. Frankfurt: Suhrkamp, 280–353.

Albertz, J. (Hg.). 2006. Utopien zwischen Anspruch und Wirklichkeit. Bernau: Freie Akademie.

Allianz der Wissenschaftsorganisationen. 2019. Abschlussmemorandum der Kampagne »Freiheit ist unser System«; www.wissenschaftsfreiheit.de/abschlussmemorandum-der-kampagne/ (letzter Zugriff: 29.08.2019).

Arendt, H. 2018. Die Freiheit, frei zu sein. 7. Aufl. München: dtv.

Bardi, U. 2017. Der Seneca-Effekt. Warum Systeme kollabieren und wie wir damit umgehen können. München: oekom.

Bauer, Thomas. 2018: Die Vereindeutigung der Welt. Über den Verlust von Mehrdeutigkeit und Vielfalt. 9. Aufl. Stuttgart: Reclam.

Beck, U. 1993. Die Erfindung des Politischen. Zu einer Theorie reflexiver Modernisierung. Frankfurt: Suhrkamp.

Beck, U. 2007. Weltrisikogesellschaft. Auf der Suche nach der verlorenen Sicherheit. Frankfurt: Suhrkamp.

Blühdorn, I. 2013. Simulative Demokratie – Neue Politik nach der postdemokratischen Wende. Berlin: Suhrkamp.

Bogner, A., Decker, M., Sotoudeh, M. (Hg.). 2015. Responsible Innovation. Neue Impulse für die Technikfolgenabschätzung? Baden-Baden: Nomos.

Bohunovsky, L. u. a. 2019. Wissenschaft im Wandel. Hochschulen und die Sustainable Development Goals. In: GAIA 28/1: 63–65.

Bolz, N. 2019. Die grüne Ersatzreligion. In: Lebendige Seelsorge 1/2019: 10–15.

Böschen, S., Schneider, M., Lerf, A. (Hg.). 2004. Handeln trotz Nichtwissen. Vom Umgang mit Chaos, und Risiko in Politik, Industrie und Wissenschaft. Frankfurt: Campus.

Böschen, S., Vogt, M., Binder, C., Rathgeber, A. (Gastherausgeber). 2017. Resilienz – Analysetool sozialer Transformationen? In: GAIA 26/1 (Sonderheft).

Brand, U., Wissen, M. 2017. Imperiale Lebensweise. Zur Ausbeutung von Mensch und Natur im globalen Kapitalismus. München: oekom.

Bremer, S. 2013. Mobilising high-quality knowledge through dialogic environmental governance: A comparison of approaches and their institutional settings. In: International Journal of Sustainable Development 16/1–2: 66–90.

Bundesministerium für Bildung und Forschung (BMBF). 2018. Freiheit verpflichtet?! 4. Symposium »Nachhaltigkeit in der Wissenschaft« (SISI), 17.07.2018, München; www.fona.de/de/4-symposium-nachhaltigkeit-in-der-wissenschaft-sisi-23306.html (letzter Zugriff: 07.03.2019).

Chomsky, N. 2018. Kampf oder Untergang! Warum wir gegen die Herren der Menschheit aufstehen müssen. Noam Chomsky im Gespräch mit Emran Feroz. Frankfurt: Westend.

Deneen, P. 2018. Why liberalism failed. New Haven: Yale University Press.

Deutscher Bundestag. 2016. Entwurf eines Vierten Gesetzes zur Änderung des Gentechnikgesetzes der Bundesregierung vom 28.11.2016 (BT-Drs. 18/10459); dip21.bundestag.de/dip21/btd/18/104/1810459.pdf (letzter Zugriff: 06.06.2018).

Dupuy, J.-P. 2002. Pour un catastrophisme éclairé. Quand l'impossible est certain. Paris: Seuil.

Eckert, J. 2015. Tugendethik und Verantwortung – eine sozialanthropologische Perspektive. In: Nida-Rümelin, J., Heilinger, J.-C. (Hg.). Anthropologie und Ethik. Humanprojekt, Bd. 8. Berlin: De Gruyter: 151–170.

Finke, P. 2014. Citizen Science. Das unterschätzte Wissen der Laien. München: oekom.

Forschungswende. 2018. Zivilgesellschaftliche Plattform Forschungswende; www.forschungswende.de (letzter Zugriff: 14.07.2018).

Franziskus, Papst. 2017. Veritatis Gaudium. Apostolische Konstitution über die kirchlichen Universitäten und Fakultäten; w2.vatican.va/content/francesco/de/apost_constitutions/documents/papa-francesco_costituzione-ap_20171208_veritatis-gaudium.html (letzter Aufruf: 01.08.2019).

Fraunhofer-Gesellschaft, Helmholtz-Gemeinschaft, Leibniz-Gemeinschaft. 2016. Forschen in gesellschaftlicher Verantwortung. Ein Leitfaden zum Nachhaltigkeitsmanagement in außeruniversitären Forschungsorganisationen (LeNa). München: Fraunhofer-Gesellschaft u. a.

Gerhardt, V. 2017. Glauben und Wissen. Ein notwendiger Zusammenhang. 2. Aufl. Stuttgart: Reclam.

Gerten, D., Schellnhuber, H. J. 2016. Planetare Grenzen, globale Entwicklung. In: Simonis, U. u. a. (Hg.). Gesucht: Weltumweltpolitik. Herausforderungen im Anthropozän – Jahrbuch Ökologie 2016. Stuttgart: Hirzel: 11-19.

Ghosh, A. 2017. Die große Verblendung. Der Klimawandel als das Undenkbare. München: Blessing.

Goertz, S. 2014. Autonomie im Disput Moraltheologische Überlegungen zum Anspruch auf Selbstbestimmung. In: Jahrbuch für Christliche Sozialwissenschaften 55: 105–29.

Grunwald, A. 2015. Transformative Wissenschaft – eine neue Ordnung im Wissenschaftsbetrieb? In: GAIA 24/1: 17–20.

Grunwald, A. 2018. Transformative Wissenschaft als *honest broker*? Das passt! In: GAIA 27/1: 113–116.

Haber, W., Held, M., Vogt, M. (Hg.). 2016. Die Welt im Anthropozän. Erkundungen im Spannungsfeld zwischen Ökologie und Humanität. München: oekom.

Habermas, J. 1971. Theorie und Praxis. Sozialphilosophische Studien. Frankfurt: Suhrkamp.

Habermas, J. 2001. Glauben und Wissen. Frankfurt: Suhrkamp.

Harari, Y. 2017. Homo Deus. Eine Geschichte von Morgen. 11. Aufl. München: Beck.

Hartung, M. 2017. Krise der Klugen. In: Die Zeit vom 23. Februar; www.zeit.de/2017/09/demokratie-gefahr-universitaeten-wissenschaft (letzter Zugriff: 15.01.2019).

Hellmich, W. 2013. Aufklärende Rationalisierung. Ein Versuch, Max Weber neu zu interpretieren. Berlin: Duncker & Humblot.

Henke, J., Pasternak, P., Schmid, S. 2016. Third Mission bilanzieren. Die dritte Aufgabe der Hochschulen und ihre öffentliche Kommunikation; www.hof.uni-halle.de/journal/texte/Handreichungen/HoF-Handreichungen8.pdf (letzter Zugriff:26.08.2019).

Hinkelammert, F. 1994. Kritik der utopischen Vernunft. Eine Auseinandersetzung mit den Hauptströmungen der modernen Gesellschaftstheorie. Luzern: Edition Exodus.

Höffe, O. 1993. Moral als Preis der Moderne. Ein Versuch über Wissenschaft, Technik und Umwelt. Frankfurt: Suhrkamp.

Horkheimer, M. 1988. Traditionelle und kritische Theorie, in: Gesammelte Schriften, Bd. 4. Frankfurt: Fischer: 162–225.

Horn, C. 2005. Klugheit bei Thomas von Aquin. In: W. Kersting (Hg.). Klugheit. Weilerswist: Verlbrück: 42–67.

Horn, E. 2014. Zukunft als Katastrophe. Frankfurt: Fischer.

Huber, B. 2019. Über die LMU; www.uni-muenchen.de/ueber_die_lmu/index. html (letzter Zugriff: 04.04.2019; Statement ohne Jahr).

Hutter, R. 2017. Verblendung, Verschleierung, Verdrängung. Übermedien vom 13. November, 13.11.2017; www.uebermedien.de/22790/verblendung-verschleierung-verdraengung/ (letzter Zugriff: 06.03.2019).

Illich, I. 1975. Selbstbegrenzung. Eine politische Kritik der Technik. Reinbek: Rowohlt.

ICSU – International Council for Science. 2017. A Guide to SDG Interactions: from Science to Implementation. Paris: ICSU.

Joas, H. 2017. Die Macht des Heiligen. Eine Alternative zur Geschichte der Entzauberung. Berlin: Suhrkamp.

Jonas, H. 1984. Das Prinzip Verantwortung. Versuch einer Ethik für die technologische Zivilisation. 2. Aufl. Frankfurt: Suhrkamp.

Kaufmann, F.-X. 1992. Der Ruf nach Verantwortung. Risiko und Ethik in einer unüberschaubaren Welt. Freiburg: Herder.

Kersting, W. 2005. Rehabilitierung der Klugheit. In: ders. (Hg.). Klugheit. Weilerswist: Verlbrück: 7–14.

Kirchhof, P. 2018. Beherzte Freiheit. Freiburg: Herder.

Klafki, W. 2007. Neue Studien zur Bildungstheorie und Didaktik. Zeitgemäße Allgemeinbildung und kritisch-konstruktive Didaktik. 6., neu ausgestattete Aufl. Weinheim: Beltz.

Kolakowski, L. 1971. Die Philosophie des Positivismus. München: Piper.

Korff, W. 1985. Norm und Sittlichkeit. Untersuchungen zur Logik normativer Vernunft. 2. Aufl. Freiburg: Alber.

Korff, W. 1997. Schöpfungsgerechter Fortschritt. Grundlagen und Perspektiven der Umweltethik. In: Herder-Korrespondenz 51: 78–84.

Korff, W., Wilhelms, G. 2001. Verantwortung. In: Lexikon für Theologie und Kirche. 3. Aufl., Bd. 10: 597–600.

Kusch, R. Beckmann, A. 2018. Eine Kulturgeschichte »alternativer Fakten«. Wahrheit oder Lüge? Deutschlandfunk vom 11. Januar; www.deutschland-funk.de/eine-kulturgeschichte-alternativer-fakten-wahrheit-oder.1148.de.html?dram:article_id=407821 (letzter Aufruf 05.03.2019).

Lagasnerie, G. de. 2018. Denken in einer schlechten Welt. Berlin: Matthes & Seitz.

Latour, B. 2014. Existenzweisen. Eine Anthropologie der Modernen. Berlin: Suhrkamp.

Latour, B. 2017. Kampf um Gaia. Acht Vorträge über das neue Klimaregime. Berlin: Suhrkamp.

Leopoldina – Nationale Akademie der Wissenschaften. 2019. Klimaziele 2030: Wege zu einer nachhaltigen Reduktion der CO_2-Emissionen. Berlin: Leopoldina.

Lindner, K., Goos, S., Güth, O. u. a. 2016. Responsible Research and Innovation als Ansatz für die Forschungs-, Technologie- und Innovationspolitik – Hintergründe und Entwicklungen (TAB-Hintergrundpapier Nr. 22). Berlin: Büro für Technikfolgen-Abschätzung beim Deutschen Bundestag.

Lübbe, H. 1994. Moralismus oder fingierte Handlungssubjektivität in komplexen historischen Prozessen. In: Lübbe, W. (Hg.). Kausalität und Zurechnung. Über Verantwortung in komplexen kulturellen Prozessen. Berlin: Springer: 289-301.

Luckner, A. 2008. Klugheit und Orientierung. Historisch-systematische Ortsbestimmung. In: Scherzberg, A. (Hg.): Klugheit. Begriff – Konzept – Anwendungen. Tübingen: Mohr Siebeck: 3–23.

Luhmann, N. 1978. Soziologie der Moral. In: Luhmann, N., Pfürtner, S. (Hg.). Theorietechnik und Moral. Frankfurt: Suhrkamp: 8-116.

Maxton G. 2018. Change! Warum wir eine radikale Wende brauchen. München: Komplett-Verlag.

Meyen, M. 2018. Denken und Forschen für die Welt. In: Bayerischer Forschungsverbund »Die Zukunft der Demokratie« (Hg.). For Democracy 2018; fordemocracy.hypotheses.org/824 (letzter Zugriff: 06.03.2019).

Meyen, M. 2019. Warum der Journalismus den Klimawandel übersieht. In:ʼ Michael Meyen (Hg.): Medienrealität 2019; medienblog.hypotheses.org/5012 (letzter Zugriff: 06.03.2019).

Meyer L., Gosseries A. (Ed.). 2009. Intergenerational Justice. Oxford: Oxford University Press.

Miegel, M. 2013. Hybris: Die überforderte Gesellschaft. Berlin: Propyläen.

Miller, D. 2007. National Responsibility and Global Justice. Oxford: Oxford University Press.

Mittelstraß, J. 2003. Transdisziplinarität – wissenschaftliche Zukunft und institutionelle Wirklichkeit. Konstanz: Universitätsverlag.

Mittelstraß, J. 2015. Der philosophische Blick. Elf Studien über Wissen und Denken. Berlin: Berlin University Press.

Möllers, Ch. 2018. Die Möglichkeit der Normen. Über eine Praxis jenseits von Moralität und Kausalität. Berlin: Suhrkamp.

Müller-Christ, G. 2017. Nachhaltigkeitsforschung in einer transzendenten Entwicklung des Hochschulsystems – ein Ordnungsangebot für Innovation. In: Innovation in der Nachhaltigkeitsforschung. Theorie und Praxis der Nachhaltigkeit: 161–180.

Nanz, P., Renn, O. Lawrence, M. 2017. Der transdisziplinäre Ansatz des Institute for Advanced Sustainability Studies (IASS). Konzept und Umsetzung. In: GAIA 26/3: 293–296.

Nida-Rümelin, J. 2018. Unaufgeregter Realismus: Eine philosophische Streitschrift. Münster: mentis.

Nida-Rümelin, J., Weidenfeld, N. 2018. Digitaler Humanismus. Eine Ethik für das Zeitalter der Künstlichen Intelligenz. München: Piper.

oekom e. V. – Verein für ökologische Kommunikation (Hg.). 2018. Grüntöne. Die Medien und die große Transformation. München: oekom.

Potthast, T. 2015. Ethics and Sustainability Science beyond Hume, Moore and Weber – Taking Epistemic-Moral Hybrids Seriously. In: Ethics of Science in the Research for Sustainable Development: 129–152.

Raftery, Adrian et al. 2017. Less than 2 °C warming by 2100 unlikely, in: Nature Climate Change 7: 637–641.

Reichert, W.-G. 2011. Die Rückkehr des Positivismus in die Ökonomie und wie Ökonomen dadurch (unbewusst) bestimmte gesellschaftliche Interessen befördern. Frankfurt: Oswald von Nell-Breuning Institut für Wirtschafts- und Gesellschaftsethik; nbi.sankt-georgen.de/assets/typo3/redakteure/Dokumente/2011/Die_Dynamik_normativer_Ordnungen_Download.pdf (letzter Zugriff: 31.03.2019).

Renn, O. 2014. Das Risikoparadox: Warum wir uns vor dem Falschen fürchten. Frankfurt: Fischer.

Renn, O. 2019. Die Rolle(n) transdisziplinärer Wissenschaft bei konfliktgeladenen Transformationsprozessen. In: GAIA 28/1: 44–51.

Rieß, P., Fisch, S., Strohschneider, P. 1995. Prolegomena zu einer Theorie der Fußnote. Münster: Lit.

Rockström, Johan u. a. 2009. Planetary boundaries. Exploring the safe operating space for humanity, in: Ecology and Society 14/2, Art. 32; www.ecologyandsociety.org/vol14/iss2/art32/ (letzter Zugriff: 07.04.2019).

Rosenberger, M. 2014. Die Ratio der »Klima-Religion«. Eine theologisch-ethische Auseinandersetzung mit klimaskeptischen Argumenten. In: GAIA 23/2: 93–99.

Sachs, W. 1993. Wie im Westen so auf Erden. Ein polemisches Handbuch zur Entwicklungspolitik. Reinbek: Rowohlt.

Sachs, W. 2018. Papst vs. UNO. Sustainable Development Goals und Laudato si': Abgesang auf das Entwicklungszeitalter? In: Peripherie 38/150–151: 245–260; doi.org/10.3224/peripherie.v38i2.06 (letzter Zugriff: 29.03.2019).

Schächtele, K. 2018. »Man muss ja mal anfangen«. In: oekom e. V. – Verein für ökologische Kommunikation (Hg.). Grüntöne. Die Medien und die große Transformation. München: oekom: 91–95.

Schneider, J. 2019. Klimakatastrophe: Die Apokalypse ist leider auserzählt. In: Die Zeit vom 31. Juli; www.zeit.de/kultur/2019-07/klimakatastrophe-apokalypse-weltuntergang-hysterie-erderwaermung/komplettansicht (zuletzt abgerufen am 1.8.2019).

Schneider, M., Vogt, M. 2018. Responsive Ethik. Reflexionen zum Theorie-Praxis-Verhältnis am Beispiel von Resilienz und sozialem Wandel. In: Emunds, B. (Hg.). Christliche Sozialethik – Orientierung welcher Praxis. Baden-Baden: Nomos: 179–199.

Schneidewind, U. 2015. Transformative Wissenschaft – Motor für gute Wissenschaft und lebendige Demokratie. In: GAIA 24/1: 17–20.

Schneidewind, U., Singer-Brodowski, M. 2013. Transformative Wissenschaft. Klimawandel im deutschen Wissenschafts- und Hochschulsystem. Marburg: Metropolis.

Singer-Brodowski, M., Schneidewind, U. 2019. Transformative Wissenschaft: Zurück ins Labor. In: GAIA 28/1: 26–28.

Snow, P.-C. 1993. The Two Cultures (Erstveröffentlichung 1959). Cambridge: Cambridge University Press.

Stockholm Resilience Centre. 2018. Transformation is feasible. How to achieve the Sustainable Development Goals within Planetary Boundaries, Stockholm: Stockholm Resilience Centre; www.stockholmresilience.org/download/18.51d83659166367a9a16353/1539675518425/Report_Achieving%20the%20Sustainable%20Development%20Goals_WEB.pdf (letzter Zugriff: 11.04.2019).

Strohschneider, P. 2014. Zur Politik der Transformativen Wissenschaft. In: Brodocz, A. u.a. (Hg.). Die Verfassung des Politischen. Wiesbaden: Springer: 175–192.

Taylor, Ch. 1994. Quellen des Selbst. Die Entstehung der neuzeitlichen Identität. Frankfurt: Suhrkamp.

Vogt, M. 2013a. Empirie in der Ethik. Zum Verhältnis von Fakten, Werten und Normen. In: Schallenberg, P., Küppers, A. (Hg.). Interdisziplinarität der Christlichen Sozialethik. Paderborn: Ferdinand Schöningh: 405–424.

Vogt, M. 2013b. Prinzip Nachhaltigkeit. Ein Entwurf aus theologisch-ethischer Perspektive. 3. Aufl. München: oekom.

Vogt, M. 2014. Zur moralischen Grammatik der Solidarität und ihrer (begrenzten) Anwendbarkeit auf intergenerationelle Konflikte. In: Jahrbuch für Ethik und Recht 22: 95–114.

Vogt, M. 2016. Die Freiheit der Verantwortung. In: Breidenstein, U. (Hg.). Verantwortung – Freiheit und Grenzen. Interdisziplinäre Veranstaltungen der Aeneus-Silivius-Stiftung. Basel: Schwabe: 7–38.

Vogt, M. 2017. Politische Emotionen als moraltheoretische Herausforderung. In: Münchner Theologische Zeitschrift 68: 305–312.

Vogt, M. 2018a. Wandel als Chance oder Katastrophe. München: Komplett-Media 2018.

Vogt, M. 2018b. Risk management from the perspective of Catholic social ethics. In: Wilderer, P. et al. (Hg.). Sustainable risk management. Cham: Springer 2018: 3–17.

Vogt-Spira, G. 2019. Libertà: un concetto dell'Europa moderna. Con alcune considerazioni sulla *libertas* nella Roma antica. In: Mongardini, C. (Ed.). Pensare l'Europa (im Druck).

WBGU – Wissenschaftlicher Beirat der Bundesregierung Globale Umweltveränderungen. 2019. Unsere gemeinsame digitale Zukunft. Zusammenfassung. Berlin: WBGU.

WBGU – Wissenschaftlicher Beirat der Bundesregierung Globale Umweltveränderungen. 2011. Welt im Wandel. Gesellschaftsvertrag für eine Große Transformation. Berlin: WBGU.

Weber, M. 1993. Politik als Beruf (Erstveröffentlichung 1919). Stuttgart: Reclam.

Weber, M. 2017. Wissenschaft als Beruf (Erstveröffentlichung 1919). Berlin: Matthes & Seitz.

Weizsäcker, E. U. von, Wijkman, A. 2018. Wir sind dran. Was wir ändern müssen, wenn wir bleiben wollen. Eine neue Aufklärung für eine volle Welt. Bericht an den Club of Rome. Gütersloh: Gütersloher Verlagshaus.

Welsch, W. 2012. *Homo mundanus* – jenseits der anthropischen Denkform der Moderne. Weilerwist: Velbrück.

Welzer, H. 2013. Selbst denken: Eine Anleitung zum Widerstand. Frankfurt: Fischer.

Whitehead, A.-N. 2012. Die Ziele von Erziehung und Bildung und andere Essays, herausgegeben, übersetzt und eingeleitet von C. Kann und D. Sölch. Frankfurt: Suhrkamp.

Wirtschaftsdienst. Zeitschrift für Wirtschaftspolitik. 2017. Expertenwissen im postfaktischen Zeitalter; blog.zeit.de/herdentrieb/2017/04/13/expertenwissen-im-postfaktischen-zeitalter_10304 (letzter Zugriff: 07.03.2019).

Wissenschaftsrat. 2010. Empfehlungen zur Weiterentwicklung von Theologien und religionsbezogenen Wissenschaften. Berlin: Wissenschaftsrat.

Wissenschaftsrat. 2015. Zum wissenschaftspolitischen Diskurs über Große gesellschaftliche Herausforderungen. Positionspapier. Berlin: Wissenschaftsrat.

Zentrum Digitalisierung Bayern. (2018.): Jahresbericht 2018. Initiativen für die Wissenschaft, München; zentrum-digitalisierung.bayern/wp-content/uploads/ZDB_Sammelband_Inhalt_WEB_2.pdf (letzter Zugriff: 01.04.2019).

Nachhaltigkeit bei oekom

Die Publikationen des oekom verlags ermutigen zu nachhaltigerem Handeln: glaubwürdig & konsequent – und das schon seit 30 Jahren!

Bereits seit 2017 verzichten wir bei den meisten Büchern auf das Einschweißen in Plastikfolie. In unserem Jubiläumsjahr machen wir den nächsten Schritt und weiten den Plastikverzicht auch auf alle ab 2019 erscheinenden Hardcover-Titel aus.

Auch sonst sind wir weiter Vorreiter: Für den Druck unserer Bücher und Zeitschriften verwenden wir vorwiegend Recyclingpapiere (mehrheitlich mit dem Blauen Engel zertifiziert) und drucken mineralölfrei. Unsere Druckereien und Dienstleister wählen wir im Hinblick auf ihr Umweltmanagement und möglichst kurze Transportwege aus. Dadurch liegen unsere CO_2-Emissionen um 25 Prozent unter denen vergleichbar großer Verlage. Unvermeidbare Emissionen kompensieren wir zudem durch Investitionen in ein Gold-Standard-Projekt zum Schutz des Klimas und zur Förderung der Artenvielfalt.

Als Ideengeber beteiligt sich oekom an zahlreichen Projekten, um in der Branche einen hohen ökologischen Standard zu verankern. Über unser Nachhaltigkeitsengagement berichten wir ausführlich im Deutschen Nachhaltigkeitskodex (www.deutscher-nachhaltigkeitskodex.de). Schritt für Schritt folgen wir so den Ideen unserer Publikationen – für eine nachhaltigere Zukunft.

Dr. Christoph Hirsch
Programmplanung und
Leiter Buch

Anke Oxenfarth
Leiterin Stabsstelle Nachhaltigkeit